ANNE TAPPE

# TÜRKEI

Brücke zwischen Orient
und Okzident

Goldmann Verlag

Herausgegeben von Wulfing von Rohr

Originalausgabe

Der Goldmann Verlag
ist ein Unternehmen der Verlagsgruppe Bertelsmann

Made in Germany · 2/91 · 1. Auflage
© 1991 by Wilhelm Goldmann Verlag, München
Umschlagphotos: Gerd P. Müller, Dortmund
Umschlaggestaltung: Design Team München
Druck: Presse-Druck Augsburg
Belichtung: Compusatz, München
Verlagsnummer 12280
Lektorat: Brigitte Leierseder-Riebe
Redaktion: Daniela Schetar
Herstellung: Sebastian Strohmaier
ISBN 3-442-12280-5

# Inhalt

# Ein Land, in dem wir uns selbst begegnen

Mein Land, mein Land, mein Land,
weder eine Mütze habe ich von dir,
noch ein paar Schuhe, die deine Wege getragen haben.
Dein letztes Hemd habe ich schon kaputtgetragen,
es war aus Sile-Stoff.
Du bist jetzt nur noch im Grau meines Haares,
im Infarkt meines Herzens,
in den Falten meiner Stirn, mein Land, mein Land ...
*Nazim Hikmet, 1958*

Mein Großvater war begeisterter Ahnenforscher. Irgendwann, als er herausfand, daß unsere Familienchronik mit Zigeunerblut durchsetzt war, gab er auf. Etwas von diesem Zigeunerblut muß noch in meinen Adern fließen. Reisen ist meine Leidenschaft und glücklicherweise ein wichtiger Teil meines Berufes. Ich habe mich immer wieder gefragt, ob es nur erbliche Belastung ist, die mich so unstet sein läßt. Bis mir klar wurde, daß ich überall in der Welt draußen mich selbst und meine eigenen Wurzeln suchte. Wenn es ein Land gibt, wo ich sie gefunden habe, wo mir die Antworten aus alten Ruinenstätten geradezu vor die Füße purzelten, wo die Sagen und Legenden meiner Kindheit zu neuem Leben erwachten, wo ich durch Mythologien auf die Bilder meiner eigenen Seele schaute, ja, wo ich mir selbst gegenüberstand, dann in der Türkei.

Das mag vielleicht befremdlich klingen, und in der Rückerinnerung an meine erste Türkeireise war auch für mich das allseits im Munde geführte Schlagwort von der »Wiege der abendländischen Zivilisation« grotesk. Die Bazare von Istanbul, die

**Wiege der abendländischen Zivilisation**

*Das Arsenal
von Pera, Istanbul
(historischer Stich)*

Sultanspaläste, die verwirrenden Silhouetten unzähliger Minarette und Moscheen, die Menschen,
ich begriff nichts und schaute auf eine mir völlig
fremde Welt. Doch später dann, im strahlenden
Licht der Ägäis, ein erstes Erkennen: Ephesos und
die Jungfrau Maria, Troja mit seinen homerischen
Helden, das griechisch-römische Pergamon, die
sieben apokalyptischen Gemeinden Kleinasiens,
Myra und der heilige Nikolaus, Antonius, Cäsar,

Kleopatra, Alexander der Große, Friedrich Barbarossa. Sie alle lebten, liebten, litten und kämpften
auf heute türkischem Boden und in Anatolien, im
Land der aufgehenden Sonne. Stück für Stück bin
ich ihnen nachgereist, habe sie zurückgeholt aus
den verstaubten Schubladen meiner Erinnerungen. Neue Namen, neue Stätten, großartig oder
trostlos, kamen hinzu. Immer deutlicher wurde
das Gefühl, auf der Spur meiner eigenen Vergangenheit zu sein. Vieles war mir unendlich ver-
traut. Und dann im tiefsten Anatolien, in der
Wüste Hiobs, Noahs und Abrahams, am Fuße des
Berges Ararat, am Anfang und Ende der Welt,
stand ich vor Gott und mir selbst gegenüber.

Ich habe auf meinen endlosen Reisen durch die
Türkei unsagbar viel gelernt, über die Menschen
und über mich selbst, über die Vergangenheit und
für die Zukunft. Indem ich durch die äußere Welt
dieses Riesenlandes reiste, erschlossen sich mir
zunehmend mehr meine inneren Welten. Und so
ist auch dieses Buch nicht im eigentlichen Sinn
»ein klassischer Reiseführer«. Zu viel persönliche
Erfahrung, Meinung und vielleicht »unerlaubte
Übertragung« von der Vergangenheit in die Gegenwart stecken darin. Wo das Herz mitspricht,
sind der Objektivität Grenzen gesetzt. Die Türkei
wird oft als Brücke zwischen Orient und Okzident bezeichnet, und ich möchte der Wegbeglei-
ter sein durch ein Land, in dem wir uns selbst
begegnen können.

**Brücke zwischen
Orient und
Okzident**

# Istanbul – oder der unmögliche Versuch einer Stadtbeschreibung

Das Chaos hat drei Namen: Byzanz, Konstantinopel, Istanbul. Und ich stecke mitten drin. Mittags
um zwölf auf der Galatabrücke. Zäh quillt der
Blechbrei fünfspurig an mir vorbei. Aus Auspuff-
anlagen, die dick wie Ofenrohre sind, husten die
Stadtbusse schwarze Abgaswolken in die Luft.
Menschen, zahlreich wie Ameisen, quälen sich
mit vor die Gesichter gepreßten Tüchern zwischen den Autokolonnen durch. Unter meinen
Füßen gluckern die Wellen des Goldenen Horns,
dessen graubrauner Brühe keineswegs orientalische Wohlgerüche entsteigen. In das chaotische
Geschrei der Händler mischt sich ungeduldig das
Tuten von Schiffssirenen. Und über allem tönt es
in blechernem Kanon von zahlreichen Minaretten
herunter: »Lá iláha illá lláh« – »Es gibt keinen Gott
außer Allah!« – Hölle oder Paradies, was ist Istanbul? Verstunken, verlärmt, verwahrlost liegt es
vor mir. Und doch muß ich den Blick nur ein
wenig heben – hinauf zu den Zinnen und Mauern
des Topkapi-Sarayis, zu der Skyline von Kuppeln
und Minaretten, hinüberblicken auf die Einfahrt
zum Bosporus und auf das Marmarameer mit
seinen Schiffen, Fähren und Segelbooten, und es
erscheint mir wie ein Paradies.

**Hölle oder Paradies?**

»Wenn es einem vergönnt ist, hier in Beschaulichkeit und Ruhe das Auge die Herrlichkeiten genießen zu lassen, welche der Bosporus darbietet, dann ist die Landschaft von Konstantinopel von der Einfahrt an der Serail-Spitze bis zum Ausfluß in das Schwarze Meer eins der großartigsten Bilder, die man wohl auf Erden finden kann«, schrieb Kronprinz Friedrich Wilhelm 1869 in sein Reisetagebuch. Der spätere Kaiser hatte auf dem Weg zur Eröffnung des Suezkanals Konstantinopel besucht und sich im »zwölfrudrigen Caik« des Sultans durch das Goldene Horn schippern lassen. Das müssen wahrhaft himmlische Zeiten gewesen sein, damals, als Paschas und Sultane in Vollmondnächten noch Bootspartien auf dem Goldenen Horn unternahmen und das alte Stambul seinen orientalischen Charme versprühte. Und drüben, am anderen Ufer, lag ja schon Europa. Pera, das heute Beyôglu heißt, war um die Jahrhundertwende eine Dependance westeuropäischer Handels- und Lebensart. Ein Stadtteil, der von der Belle Epoque nicht weniger berauscht war als andere Quartiere in Paris oder Berlin. Hier **Pera: Fes und** schlug das Herz des Großbürgertums: Im Café du **Bowler** Luxembourg traf sich zum Fünf-Uhr-Tee alles, was Rang und Namen hatte. Im Ballsaal des Pera-Palace tanzte man Walzer und Polka. In der Oper wurden Kompositionen von Bellini, Berlioz und Meyerbeer gegeben. Und auf der Grande Rue de Pera begegneten sich Orient und Okzident in Form von Fes und Bowler, Kaftan und Cutaway.

Und heute? Die Nobelstraße der Belle Epoque zieren gesichtslose Hochhäuser. Eine Laden- und Bürostraße ist sie geworden, wie es sie überall gibt. Präsent ist der Westen als Dirty-Dancing-Streifen im Kino, als Goethe-Institut im verglasten Odakule-Hochhaus, als Reizwäscheladen mit Mieder und Strapsen, als Schnellimbiß im McDo-

nald's-Gewand. Von der Galata-Brücke aus sehe
ich all die neonbeleuchteten Reklameschilder, die
das Glück im Westen verheißen. Trotz des Ge-
stanks, des Lärms und der chaotischen Menschenmassen wird mir ganz weh ums Herz: Ich
werde das letzte Mal hier gestanden haben und
nie wieder in einem der kleinen Fischrestaurants
unter der Brücke essen. Die Schuhputzer, die
Fischverkäufer, die bettelnden kleinen Jungen,
der Tanzbär, der Stand mit den heißen Sesambre-
zeln, das alles wird es bald nicht mehr geben. Die
alte Galata-Ponton-Brücke, dieses hölzerne Ungetüm, eines der romantischsten Wahrzeichen Istanbuls, wird abgerissen. Die ersten Pfeiler für eine
neue, moderne Brücke wurden bereits wenige
Meter entfernt in den Meeresgrund gerammt.

Das ist die Tragik von Istanbul, und doch eine **Probleme einer**
zwingende Notwendigkeit: Will die Stadt nicht **modernen**
an sich selbst ersticken, muß das Alte dem Neuen **Großstadt**
weichen. Dieser breite Grünstreifen dort unten
am Goldenen Horn: Noch vor kurzem standen da
4000 Werkstätten, Kleinbetriebe und armselige
Behausungen. Nicht schön anzusehen und eine
Quelle ungeklärter Abwässer. Jetzt sind sie weg-
saniert. Etwa 200 000 Menschen wurden in die
Trabantenstädte vor die Tore Istanbuls verwie-
sen. Mit Glas und Beton, mit breiten Asphaltstraßen, mit weitschwingenden Hängebrücken, mit
Hochhäusern und stillosen Allerweltsbauten hat
die westliche Moderne ihren Einzug in die Stadt
gehalten, die als einzige der Welt auf zwei Konti-
nenten liegt: Europa und Asien.

Istanbul ist groß, weiträumig, grenzenlos und
wimmelt von Menschen. Sieben Millionen leben
heute hier. Zur Jahrhundertwende waren es gerade ein paar Hunderttausend. Damals war Istanbul noch eine kosmopolitische Metropole mit

*Im Gewimmel der
Straßen von Istanbul*

einem bunten Völkergemisch aus Europäern, Armeniern, Juden und Albanern. Zwar hatte Sultan Mehmet Fatih Istanbul bereits 1453 für den Islam erobert, aber erst in den letzten 40 Jahren entwikkelte sich die westöstliche Diva zu einer wirklich türkischen Stadt. Sippen- und dorfweise ist das anatolische Hinterland in die Großstadt gezogen: verarmte Bauernfamilien aus dem asiatischen Teil der Türkei mit der Hoffnung auf ein besseres Leben am goldenen Tor nach Europa. »Hay ala Al Falah« – »Auf zum Heil!« Wie ein Schlachtruf klingt die Stimme des Muezzins hinüber in die Gecekondus, in jene Wellblechslums, die in Dreck und Armut ersticken. »Auf zum Heil«, blubbert das Echo aus verstopften Abflußrohren und erstickt jämmerlich in der rußgeschwärzten Luft, die aus den Schornsteinen der Bosporusdampfer aufsteigt.

Istanbul kollabiert, aber es stirbt nicht. Das

griechische Byzanz, das römische Konstantinopel, das osmanische Stambul, sie sind immer noch
da. Verbaut in Mauern ohne Alter, verborgen im
Gewirr verwinkelter Gassen, verwahrt in den vielen Palästen, Moscheen und Museen. Die armse-
ligen Wäschestücke, die zwischen kostbaren alten
Denkmälern zum Trocknen gespannt sind, die
Bettler am Eingang der Hagia Sophia, das Chaos,
das hinter jeder Gassenecke lauert – Istanbul trägt
seine 2500jährige Geschichte achtlos wie einen
zerschlissenen, aber prächtigen Rock. Diese Stadt
mutet an wie ein traurig-schönes Märchen. Und
weil ihre Bewohner viel zu beschäftigt mit dem
eigenen Überleben sind, ist dieses Märchen eigentlich nur noch für die Fremden da.

Es beginnt weit, weit zurück in mythischer **Zeus und Leo**
Zeit. Der Göttervater Zeus, so erzählt die Legende, zeugte mit seiner Geliebten Leo ein Kind. Ein
Mädchen war es, und sie brachte es an den Ufern
des Goldenen Horns zur Welt. Das Mädchen sei-
nerseits schenkte viele Jahre später im fernen
Griechenland einem Knaben namens Byzas das
Leben. Es muß wohl göttliche Weisung gewesen
sein, die Byzas zum Geburtsort seiner Mutter
führte. Bevor er mit seinen Kolonisten Griechenland verließ, befragte er das Orakel von Delphi,
wo er sich niederlassen solle. »Siedle gegenüber
den Blinden«, lautete die geheimnisvolle Antwort. Als Byzas durch die Dardanellen gesegelt
und ans Goldene Horn gelangt war, erspähte er
am asiatischen Ufer die Kolonie Chalcedon. »Die
Chalcedonier müssen blind gewesen sein!« rief er
überrascht aus, hatten sie doch den Naturhafen
übersehen. Und so gründete er »gegenüber den
Blinden«, etwa da, wo heute Topkapi-Sarayi liegt
und wo Bosporus, Goldenes Horn und Marmarameer zusammentreffen, Byzanz.

Das Jahr 660 vor Christus gilt jedenfalls als offizieller Geburtstag für Byzanz-Konstantinopel-Istanbul. Bereits 147 Jahre später fiel die junge Stadt in persische Hand. Das nächste Ereignis, die Belagerung der Stadt durch den makedonischen König Philipp II., 339 vor Christus, beschert uns wieder eine hübsche Geschichte. Der plötzlich aus den Wolken auftauchende Mond habe den Verteidigern rechtzeitig den bevorstehenden Angriff der makedonischen Truppen verraten und Byzanz so vor der Eroberung bewahrt. Seit damals gilt der Halbmond als ein Wahrzeichen der Stadt. Später gesellte sich noch der glückbringende Morgenstern hinzu. Und vereint ziehen die beiden heute noch ihre Bahnen auf der türkischen Flagge.

**Wechselvolle Geschichte**   Eine Besichtigung von Istanbul gleicht einer rasenden Fahrstuhlfahrt durch die Geschichte. Fünfter Stock: Kaiser Septimius Severus belagert und zerstört Byzanz 196 n. Chr.; sechster Stock: Die Goten versuchen einen Überfall, werden aber 269 n. Chr. abgeschlagen. Im siebten Stock halten wir den Lift an. Ein goldenes Zeitalter beginnt. Kaiser Konstantin nimmt Byzanz in Besitz und macht es zur zweiten Hauptstadt des römischen Weltreiches. – »Nova Roma« heißt die Stadt von nun an, weil sie sich wie Rom über sieben Hügel erstreckt. Später erhält sie dann den Namen des Mannes, dem sie so viel verdankt: Konstantinopel. Wie Rom, und bedeutender – das sollte die Stadt nun für die nächsten Jahrhunderte werden. Unter der Herrschaft von Kaiser Justinian blüht Konstantinopel zur mächtigsten und prächtigsten Stadt der Welt auf. Großartige Bauten entstehen, unter anderem die Hagia Sophia.

Der Fahrstuhl rast weiter durch die Geschichte, vorbei an inneren politischen und religiösen

Machtkämpfen, die die Stadt und das gesamte Byzantinische Reich erschüttern. Dann 1204 die Eroberung Konstantinopels durch fränkische und venezianische Kreuzfahrer und die Ausrufung des kurzlebigen Lateinischen Kaiserreichs. Danach, in den letzten Jahrhunderten griechischer Kaiserzeit, gewinnt Konstantinopel nicht wieder die alte Bedeutung, auch wenn noch einmal Kunstwerke wie die Chora-Basilika entstehen. Fünfzehnter Stock – wir befinden uns im Jahr 1453; der osmanische Sultan Mehmed II. nimmt nach der fünften Eroberung die Stadt ein. In der letzten entscheidenden Schlacht kämpft auch Kaiser Konstantinos in vorderster Linie mit. Der König stirbt, und der vielstimmige Entsetzensschrei seiner griechischen Truppen hallt heute noch nach im Namen der Stadt: »is tin polin« – »er (der Türke) ist in der Stadt!« Daraus leitet sich das türkische Wort Istanbul ab. – Die großen Träume

*Vom göttlichen Baumeister Sinan geschaffen – die Süleyman-Moschee in Istanbul*

**Mehmed II.**

des Abendlandes versinken in den Fluten des
Bosporus, und in der Morgenröte steigen die
Hoffnungen des Orients über den Horizont. Istan-
bul, kurz Stambul genannt, wird Hauptstadt des
Osmanischen Reiches. In den Kathedralen und
Basiliken verschwindet die herrliche Bilderwelt
des christlichen Glaubens hinter den Schriftzei-
chen des Korans. Viele Kirchen werden in Moscheen umgewandelt, allen voran die Hagia
Sophia. Zu Ehren Allahs entstehen neue, mosle-
mische Gotteshäuser, vor allem aber prunkvolle
Paläste, Lustschlösser, Bäder, Brunnen, Pavillons.
Groß ist die Macht der Sultane, kometenhaft der
Aufstieg eines neu auf die Landkarte Kleinasiens
gekommenen Volkes. Murat, Bejazit, Mehmet, Se-
lim, Süleyman, Mustafa, Ibrahim, Ahmed – das
sind die Namen, vor denen ein paar Jahrhunderte
lang die christliche Welt zittert. Aber ein Mehmet
ist es auch, der 1922 als letzter Sultan auf ein
britisches Schiff flüchtet und irgendwo in San
Remo sein Ende abwartet.

**Mustafa Kemal**
**Pascha**    Der Fahrstuhl ist im obersten Stockwerk ange-
kommen. Hier stoßen wir auf Mustafa Kemal Pascha, den Begründer der neuen Türkei. Mit der
Ausrufung der Republik am 14. Oktober 1923
geht für Istanbul ein großes Zeitalter zu Ende.
Atatürk erklärte Ankara zur Hauptstadt. – Und
ich stehe hier oben auf einem der sieben Hügel,
allein gelassen mit der Geschichte, die so bewegt,
so prall, so chaotisch war, daß jeder Versuch, sie
zu begreifen, völlig hoffnungslos ist. Wie eine
sehr schöne, sehr unglückliche Frau liegt die Stadt
zu meinen Füßen. Über die üppigen Rundungen
gebauter Sinneslust hinweg steigen bleistift-
schmal die Minarette unzähliger Moscheen auf.
Die Hagia Sophia Kaiser Justinians, die Blaue Moschee Sultan Ahmeds und die Sülemaniye Süley-

mans des Prächtigen verschmelzen mit den Hügeln zu einer majestätischen Silhouette. Zeitlos ist dieses Bild und so entrückt, daß ich für einen Augenblick befürchte, es könnte der Menschheit verlorengehen.

Doch als ich dann eintauche in das alte Stambul, ist alles da: Byzanz-Konstantinopel-Istanbul. Eine unentwirrbare, durch die Bande der Geschichte verknüpfte Dreierbeziehung. Das Topkapi-Sarayi, diese unvorstellbar große und prunkvolle Palastanlage, war jahrhundertelang die Schalt- und Befehlszentrale des Osmanischen Reiches. Die Schätze, die sich heute noch darin befinden, sind märchenhaft. Sie haben mich überwältigt und gleichzeitig tief deprimiert. Die Macht, die Dekadenz, die Barbarei der Sultane lassen sich von den schmuckglitzernden Vitrinen nicht fortwischen. Gift, zubereitet in den Kammern des Harems, fand hier seine Opfer. Es hat Augenblicke gegeben, in denen alles Elend und alle Grausamkeit, die Menschen einander antun können, in den Labyrinthen von Topkapi geschehen sind. Und beinahe schämt man sich dafür, daß man heute gegen Bezahlung so ohne weiteres in einen Teil der Frauengemächer kommt, in denen Blut und Tränen die gelegentlichen Seufzer der Lust hinweggeschwemmt haben. Ich bin froh, als ich draußen auf der Palastterrasse wieder frische Luft atme und hinunterschaue auf das Goldene Horn. Aber auch hier holen die Bilder mich ein, fügen sich zu jener Geschichte zusammen, die die Menschen heute noch erzählen. Danach sollen einige der wenigen Christen, die dem Blutbad der Osmanen im Mai 1453 entkamen, ihr Hab und Gut und ihre gefüllten Schatztruhen ins Wasser dieses Fjords geworfen haben, der seither »Goldenes Horn« heißt. Ich flüchte mich in die kühlen

**Das Topkapi-Sarayi – märchenhaft**

byzantinischen Mauern der Irenenkirche. Sie wirkt wie ein Fremdkörper inmitten des Waffenhofes von Topkapi. In dieser schönen, schlichten Basilika finde ich meine Ruhe wieder. Sie hat eine wunderbare Akustik. Davon konnte ich mich ein Jahr später überzeugen, als während der Istanbuler Musikwochen das bulgarische Sinfonieorchester hier das Verdi-Requiem spielte.

Ich bummele hinüber zum Hippodrom, dem einstigen Zentrum des byzantinischen Hof- und Volkslebens. Keine Wagenrennen, keine Triumphzüge, keine Gladiatorenkämpfe, keine Staatsempfänge. Die einst größte Arena des alten Byzanz ist bevölkert von Touristen und fußballspielenden Türken. Respektlos benutzen sie den riesigen ägyptischen Obelisken aus dem Tempel von Karnak als Torpfosten. Zu Hunderten standen einst Statuen und Kunstwerke im Hippodrom, ein wahres Volksmuseum, das die Byzantiner aus dem gesamten Reich zusammengetragen hatten. Das wenige, was geblieben ist, wirkt seltsam verloren und fremdartig. Der »gemauerte Obelisk« ist nichts weiter als eine Aufhäufung von Kalksteinen; die bronzene Schlangensäule stammt angeblich aus dem Apollo-Tempel in Delphi. Das jüngste Monument, der Deutsche Brunnen, wurde Sultan Abdul Hamit von Kaiser Wilhelm II. zum Geschenk gemacht.

Wenn das Hippodrom das politische Machtzentrum des alten Byzanz war, so stellte die angrenzende Kirche »der Göttlichen Weisheit«, die **Die Hagia Sophia** Hagia Sophia, den religiösen Mittelpunkt dar. 1400 Jahre lang diente dieses einzigartige Bauwerk dem religiösen Kult von orthodoxem Christentum und Islam. Dann funktionierte Atatürk es in ein Museum um. Als Kaiser Justinian am 27. Dezember 537 sein Gotteshaus vollendet sah, rief

er aus: »O Salomon, ich habe dich übertroffen!«
Des Kaisers Eifer, Salomons legendären Tempel
in Jerusalem zu übertreffen, hatte Erfolg. Zehntausend Arbeiter bauten in sieben Jahren das le-
gendäre Werk aus Marmor, Elfenbein und Gold.
So wurde die Hagia Sophia zum nie mehr erreich-
ten monumentalen Ausdruck byzantinischen
Machtwillens. Sinan, dem größten Architekten
der Osmanen, stach die Hagia Sophia heftig ins
Auge. Er nahm die Idee des Zentralbaus als Feh-
dehandschuh auf, und unablässig war er bemüht,
die Hagia Sophia auch in ihren Ausmaßen zu
überflügeln. Das Resultat dieses architektoni-
schen Wettstreits ist das heutige Stadtbild Istanbuls mit seinen Zentralkuppelmoscheen.

Koca Sinan war ein genialer Baumeister und
Hofarchitekt von vier Sultanen. Man nennt ihn
heute noch den »Dichter der Steine« und den
»osmanischen Michelangelo«: Er war nicht nur
genial, sondern auch unglaublich produktiv. Von

*Blick über das
Goldene Horn
(historischer Stich)*

**Sinan – der osmanische Michelangelo**

den 335 Bauwerken, die Sinan baute, stehen über 200 in Istanbul. Dabei hatte der Janitscharenoberst seine Laufbahn als Architekt erst im 50. Lebensjahr begonnen. 1588 starb er, 99 Jahre alt. Brücken, Aquädukte, Schulen, Krankenhäuser, Universitäten, Medresen, Mausoleen, Paläste und die herrlichsten Moscheen – Istanbul ist eine Sinan-Stadt. Sein großartigstes Werk liegt auf einer Anhöhe am Südufer des Goldenen Horns: die Süleymaniye-Moschee. Es ist kaum möglich, die Vollkommenheit, die Schönheit und Vollendung zu beschreiben, den Mihrab, die im feinsten Marmor ausgearbeitete Nische in der Frontwand, die Kalligraphie an den Wänden, die Raumkunst, die Proportionen, die Leichtigkeit, die die Größe aufhebt, um von ihr nur noch betont zu werden. Sinans Werke erzählen von der Heiterkeit des Steins, von der Harmonie zwischen inneren und äußeren Welten, von der Schönheit, die geschaffen ist, um die Gedanken gen Himmel zu richten.

Istanbul hat tatsächlich viel von dieser verinnerlichten Schönheit, von dieser strengen Melancholie, die in den Innenhöfen der Koranschulen und Moscheen lebt. Und dann ist es wieder ein Höllentiegel, in dem das Leben zu Lärm kocht, die Sonne sich hinter Smog aufheizt und jede zweite Straße in einen Bazar mündet. Peperonigirlanden spannen sich über die Menschen, denen die Händler ihre Angebote ins Ohr brüllen. Knoblauchzehen hängen vom Bazarhimmel herab, Küken piepsen in Pappkästen, in den Säcken stapeln sich alle Gewürze des Orients. Ich habe Mühe, den jungen Schuhputzer loszuwerden, stehe den schwerbepackten Lastenträgern im Weg, lasse mir Hobelspäne vom Tischler um die Ohren fliegen, sehe die Männer in den verrauchten Teehäusern Tavla spielen oder versunken an den Schläu-

chen ihrer Wasserpfeifen nuckeln, während die
Gebetskette durch ihre Finger gleitet. Ich schiebe
mich an verschleierten Frauen vorbei, klettere
über den Kohlenhaufen, der mitten auf der Gasse
ofengerecht zerklopft wird, verstauche mir die
Zehen an den unzähligen Schlaglöchern, lasse
mich von Schulkindern begaffen und fliehe vor
den Menschen, dem Lärm, dem Chaos hinunter
zur Galata-Brücke. »Sirket-i-Hayriye« hießen
einst die Istanbuler Fährbetriebe, »Wohlfahrtsge-
sellschaft«. Wenn ich während der Fahrt über den
Bosporus vom Deck der Fähre auf die Stadthölle
zurückschaue, der ich soeben entkommen bin,
glaube ich zu wissen, warum. Und doch ist er wie
ein Flügelschlag, dieser Abschied von Istanbul.
Um mich herum weiße Segelschiffe und über mir
der Begleitzug der Möwen. In meinem Rücken,
bereits im Dunstschleier versinkend, die über sieben Hügel gewürfelte Stadt. Und dann der sanfte
Ruck, als die Fähre am anderen Ufer anlegt. Gerade jetzt, in diesem Augenblick, hat meine Reise
erst begonnen.

# Troja –
# oder die Unsterblichkeit
# der Kassandra

»Kassandra, die Priesterin und Prophetin, ging
hinunter zur Tempelmauer und stand dort wie
gelähmt vor Grauen und Entsetzen, noch ehe die
Sonne zum letzten Mal über der zum Untergang
verurteilten Stadt aufging. Unter ihr lag die Ebene
von Troja im grauen Licht der Morgendämme-
rung. Vor den Toren brannten ein paar wenige
Fackeln der Feinde. Es herrschte Grabesstille.
Selbst das ferne Meer hinter den achäischen Wäl-
len regte sich nicht, als habe die Flut aufgehört,
sich am Strand zu brechen. Und dann wurde der
Traum der Seherin Wirklichkeit: Das hölzerne
Pferd vor den Toren schien plötzlich zu steigen
und mit seinen riesigen Hufen gegen die Stadt zu
treten. Kassandra schrie auf: ›Oh, hütet euch! Der
Gott zürnt, und sein Zorn wird die Stadt treffen!‹
Hinter der Todesstille schien sie schrecklichen
Lärm zu hören, als sei zwischen Apollon und
Poseidon die Entscheidung im Ringen um die
Stadt gefallen: Poseidon warf den Sonnengott nie-
der.«

**Apollon und Poseidon**

Ein Grashalm, der zwischen Mauerresten her-
vorlugt, dient mir als Lesezeichen. Noch ganz
versunken lege ich Marion Zimmer Bradleys
Buch »Die Feuer von Troja« aus der Hand. Über
mir spannt sich der gleiche Himmel wie vor 3175

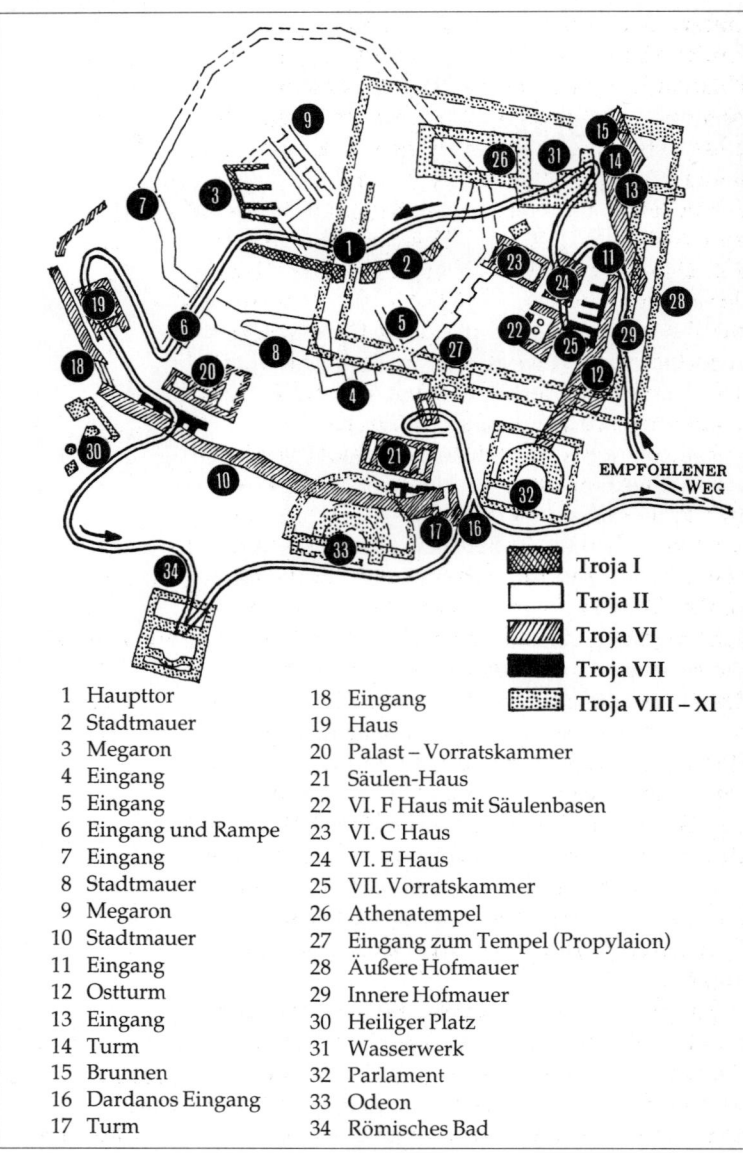

Troja I
Troja II
Troja VI
Troja VII
Troja VIII – XI

1  Haupttor
2  Stadtmauer
3  Megaron
4  Eingang
5  Eingang
6  Eingang und Rampe
7  Eingang
8  Stadtmauer
9  Megaron
10  Stadtmauer
11  Eingang
12  Ostturm
13  Eingang
14  Turm
15  Brunnen
16  Dardanos Eingang
17  Turm
18  Eingang
19  Haus
20  Palast – Vorratskammer
21  Säulen-Haus
22  VI. F Haus mit Säulenbasen
23  VI. C Haus
24  VI. E Haus
25  VII. Vorratskammer
26  Athenatempel
27  Eingang zum Tempel (Propylaion)
28  Äußere Hofmauer
29  Innere Hofmauer
30  Heiliger Platz
31  Wasserwerk
32  Parlament
33  Odeon
34  Römisches Bad

Jahren. Doch keine Rauchschwaden verdunkeln ihn, kein Bersten und Krachen erfüllt die Luft. Der Himmel heute ist leer. Emailleschimmernd, unzugänglich, blankgefegt. Etwas in mir entspricht dieser Himmelsleere. Traurigkeit und Enttäuschung stehen wie die Schatten der Vergangenheit neben mir. Dieser von Grabungskampagnen durchwühlte Hügel mit seinen wirr erscheinenden Mauerresten soll das sagenumwobene Troja des Königs Priamos sein? Der Trümmerhaufen auf der niedrigen Anhöhe gleicht mehr einer Schutthalde als einem Burgberg. Soll er tatsächlich die von Homer in Tausenden von Versen gepriesene »glänzende Feste Ilion« sein?

Ziellos durchstreife ich die Anhöhe, steige über umgestürzte Säulentrommeln und verstreute Steinhaufen, versuche mich in diesem abgeräumten Bühnenbild der Weltgeschichte zurechtzufinden. Hier die Reste eines römischen Theaters, ein antikes Tor, eine Rampe, ein Stück weiter gewaltige Fragmente einer Stadtmauer. Troja I, Troja VI, **Troja I bis IX** die Hinweisschilder stehen direkt nebeneinander. Die Ausgrabungen der letzten 120 Jahre haben mittlerweile neun übereinanderliegende Städte freigelegt. So finden sich auf dem Hügel von Hisarlik Reste der ersten Siedlung direkt neben Gebäuden der Schichten VIII und IX. Eine Orientierung wäre ganz unmöglich, gäbe es nicht in dieser archäologischen Torte, in die Spuren menschlichen Seins seit dem 4. Jahrtausend vor Christus eingebacken sind, eindeutige Beschilderungen.

Ein paar moderne Stufen führen zu einer griechischen Säulenbasis. Umgestürzt, zertrümmert. Dahinter ein erosionszernagtes Schild mit der schlichten Aufschrift »Mauer Troja VII.« Mein *Links:* Reiseführer macht eine theatralische Geste: »Das *Das antike Troja*

ist es, Homers Troja!« Sein Arm beschreibt einen
großen Kreis, bleibt etwas hilflos in der Luft hängen. »Dort, dort unten in der Ebene kämpften sie.
Und da, ganz hinten, lag der Hafen für die 1000
Schiffe der Griechen. Und hier, wo wir stehen,
hier standen die Frauen der Trojaner und beob-
achteten den Kampf.« Dann – als müsse er seine
Aussage aus berufenerem Munde verstärken lassen – zieht er eine reichlich zerfranste »Ilias« aus
der Tasche und beginnt die altgriechischen Hexa-
meter Homers zu deklamieren. Plötzlich, als er
die Stimme erhebt und die Verse strömen läßt,
sehe auch ich wieder die verlorenen Bilder meiner
Jugend. Nachts, heimlich unter der Bettdecke le-
send, erlebte ich den Untergang Trojas so deutlich
wie jetzt. Die Stadt steht in Flammen. Das große
Tor und die Festungsmauern sind eingestürzt.
Inmitten der Trümmer liegt das hölzerne Pferd.
Ein Bein ragt eigenartig in die Luft, und es sieht
so aus, als habe das Pferd mit seinen Hufen tatsächlich die Mauer zum Einsturz gebracht. Plündernd ziehen die Griechen durch die Gassen der
Unterstadt. Agamemnon, Odysseus, Helena, le-
bendiger waren sie nie. Für wenige Augenblicke
entreißt Homer, der Blinde, seine Stadt wieder
einmal ihrem fast 3000jährigen Todesschlaf.

**Das trojanische Pferd**  Wildes Geschrei bringt mich zurück in die Gegenwart. Es kommt vom Eingang des Grabungs-
geländes. Da steht es, das trojanische Pferd.
Zwanzig Meter hoch, wie ein dümmlich grinsen-
des Schaukelpferd inmitten niedlicher Blumenra-
batten. Extra für Touristen hier aufgebaut. Die
jagen mit Gejohle die hölzernen Treppen zum
Bauch des Tieres hinauf, veranstalten im Innern
ihren eigenen Krieg. Disneyland in Troja! Tragik
und Komödie verhalten sich zueinander wie Licht
und Schatten. Sie entstammen der gleichen Quel-

le. Es kommt nur auf den Standpunkt an. So war
es wohl auch mit Troja. Und dies längst vor jener
Zeit, von der uns Homer berichtet.

Wenn wir eintauchen in die Erdschichten, sie
befreien von allen Mythen und Legenden, Station
für Station durchforsten und schließlich am
Punkt Null der Geschichte angelangt sind, werden wir erkennen müssen, daß immer Gewalt das
zentrale Thema in der Menschheitsgeschichte
war. Auch Naturkatastrophen sind gewaltsame
Eindringlinge. Sie waren es vor allem, die das
Troja der Bronzezeit untergehen ließen. Doch bereits in den Siedlungen Troja III–V (2200–1800 vor
Christus) spielen Macht und menschliche Gier
eine gewichtige Rolle. Starke Brandspuren lassen
auf ein gewaltsames Ende durch Angreifer von
außen schließen.

Wie ein Phönix aus der Asche stieg Troja um
1800 vor Christus erneut auf. Die blühende Residenz eines mächtigen Fürstengeschlechts soll sie
gewesen sein, eine Stadt, befestigt mit wehrhaften
Türmen und Toren und einem prachtvollen Palast. Der Festungscharakter läßt bereits darauf
schließen, daß die Trojaner um ihre strategische
Schlüsselposition wohl wußten. Der Platz, auf
dem Troja liegt – eine niedrige Anhöhe, die die
fruchtbare Menderes-Ebene und die Mündung
der Dardanellen in die Ägäis beherrscht – war
damals wie heute Völkerscheide und Völker-     **Völker-Dreh-**
Drehscheibe zugleich. Eine Art Brückenpfeiler     **scheibe**
zwischen Europa und Asien. Kein Wunder, daß
sich aus dieser Position heraus rege Handelsbe-
ziehungen, Reichtum und Ansehen entwickelten.
Aber auch Neid und Mißgunst schwappten vom
gegenüberliegenden Ägäisufer herüber.

Schon beginnen wir zu begreifen, wie alles
entstanden sein mag und was den blinden Homer

veranlaßt haben könnte, sein episches Monumentalwerk in allen Schattierungen zwischen Gut
und Böse niederzuschreiben. Da ist ein glanzvol-
les, sattes Troja, das einen wichtigen wirtschaftli-
chen und militärischen Schlüssel in der Hand
hält. Und da sind andere Volksstämme, wie die
achäischen Griechen, auf der Suche nach neuem
Land. In ihrem Nacken sitzen die kräftigen Dorer,
vor ihrem habgierigen Auge liegt das reiche Troja.
Vertreiben und vertrieben werden, der Starke
nimmt sich vom Schwachen, was er bekommen
kann. Dieses Faustrecht galt zu allen Zeiten, hat
sich als Thema mit Variationen bis in die heutige
Zeit wiederholt. Das beginnt im Himmel bei den
alten Göttersagen Indiens, Afrikas oder Griechenlands und endet nicht mit dem Zweiten Weltkrieg, mit Kambodscha und Vietnam.

Diese zehn Jahre zwischen 1194 und 1184 vor
Christus, in denen Troja heiß umkämpft war und
schließlich doch fiel, haben sich unzähligen Generationen unauslöschlich eingeprägt. Kein Ereignis der Weltgeschichte – und es gab wesentlich
bedeutendere – hat in den Köpfen von Poeten und
auf Theaterbühnen solche Blüten getrieben wie
der Trojanische Krieg. Hätte nicht Homer die Eroberung »Ilions« verherrlicht, so hätte Troja nie     **»Ilion«**
den magischen Klang erhalten, den es während
der ganzen antiken Zeit behielt. So berühmt war
die Stadt auf dem Hügel von Hisarlik, daß im
Altertum Herrscher von überall her die Stätte
besuchten. Der persische Großkönig Xerxes un-
terbrach hier seinen Marsch nach Griechenland,
um in der alten Zitadelle der Stadtgottheit Athene
tausend Rinder zu opfern. Alexander der Große,
auf dem Weg nach Persien, machte Troja seine        *Links:*
Aufwartung. Gesalbt und nackt – so ist überliefert  *Teppichknüpfen*
– sei er um Achilles' Grab gerannt und habe große   *zwischen antiken*
                                                     *Ruinen*

Pläne geschmiedet, wie er die Stadt erneuern wolle. Später besuchte Julius Cäsar auf seinem Weg nach Ägypten Troja. Er tat viel für den Wiederaufbau. Glaubte er doch, seine Vorfahren stammten von dem trojanischen Sohn Äneas ab, der sich als einer der wenigen aus der brennenden Stadt retten konnte.

Die Jahrhunderte kamen und gingen, und mit ihnen verging der Glanz der heidnischen Götter. Neue Weltreligionen gewannen an Bedeutung: Judentum, Christentum und Islam. Nachzügler erwiesen der Ruinenstätte ihre Reverenz – Kaiser Hadrian, Augustus, Konstantin der Große – dann versank der Ort im Zwischenreich von Legende und Wirklichkeit. In der neueren europäischen Literatur erwachen einzelne Heldenfiguren aus der »Ilias« noch einmal zu neuem Leben: Goethes »Faust« erhält Helena, die schöne Griechin Homers, zur Gattin. Die esoterische Vielschreiberin Marion Zimmer Bradley läßt uns den Untergang Trojas mit den Augen der Kassandra noch einmal

**Kassandra – Frau im Schnittpunkt der Zeiten** erleben. Christa Wolf hat die Figur Kassandras lebendig phantasiert und sie aus dem Mythos in die Gegenwart gebracht. Kassandra wird zur exemplarischen Dissidentin, eine Frau im Schnittpunkt zwischen Patriarchat und Matriarchat, eine Frau, die für sich und ihresgleichen eine lebbare Alternative zum männlichen Gewalt- und Herrschaftsdenken sucht. Eine Einzelkämpferin, die an ihren Visionen leidet und sie doch herausschreien muß, in der Hoffnung, ihr Volk retten zu können.

Die homerische Kassandra hat niemals aufgehört zu existieren. Sie lebte weiter in den Tempelstätten der Druiden und ägyptischen Priester, pflanzte sich fort in den Orakelstätten Griechenlands, wo die Pythien weissagten. Wir wissen von

*Die Bürde auf den Schultern der Frauen – das Lächeln haben sie dennoch nicht verlernt*

den Prophezeiungen indischer Eingeweihter und denen der afrikanischen Naturvölker. Zarathustra, Mohammed, Jehova – sie stehen stellvertretend für die vielen Propheten der frühen Kulturen. Zu allen Zeiten hat es Medien gegeben, deren Voraussagen sich in verblüffender Weise bewahrheitet haben. Die Visionen eines Nostradamus oder eines Jakob Lorbeer sind durch den Verlauf der jüngeren Geschichte bestätigt worden. Seth, Kevin Reyerson, Rathma, Lazaris sind bekannte Medien – wir nennen sie auch Channels – unserer Tage. Amerikas größtes Medium, Edgar Cayce, starb 1945. Seine Voraussagen nationaler und internationaler Ereignisse, von denen viele sich erst jetzt zutragen und bewahrheiten, zeugen von seinem außerordentlichen Wahrnehmungsvermögen.

Auch wenn die Medien von Anbeginn der Menschheitsgeschichte unter den verschiedensten Bezeichnungen bekannt waren – Propheten, Schamanen, Seher, Visionäre, Channels –, scheint der Prozeß, um den es bei ihnen ging, immer der gleiche gewesen zu sein. Die Fähigkeit, Voraussagen zu machen, hat sich immer wieder in unzähligen Situationen offenbart – ob bei einem Stammesältesten, einer Priesterin, einem modernen Geschäftsmann oder einer Hausfrau. Die Tatsache, daß sich Medialität, unter welcher Bezeichnung auch immer, auf diesem Planeten fortwährend gezeigt hat, unter so verschiedenen Menschen und in gänzlich unterschiedlichen Kulturkreisen, legt die Vermutung nahe, daß es sich dabei um ein Potential handeln könnte, das wir alle besitzen. Möglicherweise ist die göttliche Eingebung, unsere Intuition, der Prophet in uns.

Seit mehr als hundert Jahren versuchen Gelehrte, die Ereignisse um das Troja des 12. Jahrhunderts vor Christus zu entwirren. Viele halten die **Die Dichtung** Homerische Dichtung für eine Art Sandkasten-**Homers** Planspiel der Poesie, für dessen Inhalt ein Krieg unter vielen in der Weltgeschichte herhalten mußte. Fast zur gleichen Zeit wie Troja ging das Hethiterreich unter. Hätten die Hethiter einen Homer gehabt, dann wäre ihre Stadt Hattusa heute ebenso bekannt wie Troja. Vielleicht war der Trojanische Krieg, wie der türkische Archäologe Ekrem Akurgal darlegt, nichts weiter als ein Wirtschaftskrieg der Festlandsgriechen, die den immer bedeutender werdenden Handel der Ägäis mit dem Schwarzen Meer unter Kontrolle bringen wollten. Die Trojaner, die ihre Festung ausgerechnet so nahe der Meerenge gebaut hatten, standen ihnen im Weg. Zehn Jahre kämpften sie vergeblich um den Besitz der Stadt. Als Troja dann schließlich fiel, war dies, laut Akurgal, nicht homerischem Heldenmut oder gar dem Eingriff waltender Götter zu verdanken, sondern einem Erdbeben, das Trojas Mauern stürzen ließ und

den Griechen das Eindringen in die Stadt ermög-
lichte.

Doch so eine banale Version ist nicht das, was
uns wirklich interessiert. Homer hat mit seiner
»Ilias« unsere Phantasie beflügelt, nicht an unseren Verstand appelliert. Wir wollen uns nicht
vorstellen, daß in Troja nichts anderes passiert ist
als die immer gleiche Geschichte: Mord, Plünde-
rung, Zerstörung. Dieses Kapitel Menschheitsgeschichte ist so appetitlich verpackt, so poetisch
verbrämt, so weit entfernt. Uns gefallen ja die
Listen eines Odysseus, das Mitmischen der Götter, die sagenhafte Sehne eines Achilles, das uralte
Thema »Cherchez la femme«. Dieser Krieg, ausgelöst durch eine schöne Frau, bekommt etwas
prickelnd Pikantes. Das Entsetzen vergewaltigter
Frauen, die Leichenfelder, das blutige Gemetzel,
Pest und Tod werden zu Nebensächlichkeiten, an
die wir kaum mehr denken wollen. Ein hölzernes
Pferd, der sagenhafte Reichtum eines Königs
Priamos, der schmachtende Paris und die schöne
Helena, sie sind uns von Kindheit an im Gedächtnis festgeschrieben. Auch wenn die historische
Wirklichkeit ganz anders ausgesehen hat; auch
wenn die Sprachkraft eines prophetischen Mannes namens Homer uns seitab ins Gestrüpp von
halblauter Wahrheit und lautstarker Dichtung geführt hat; auch wenn wir ganz genau wissen, daß
geschichtliche Ereignisse, die die Zeiten überdau-
ern, immer etwas Schmutziges und Erbarmungs-
loses haben.

Vielleicht müssen wir, wenn wir von der Eroberung Trojas sprechen, auch andere Namen mit
ins Spiel bringen: die Kriege, die im Namen des
Kreuzes geführt wurden, den Dreißigjährigen
Krieg, die Französische Revolution, die Bomben-
nächte von Dresden und Berlin, die Massenver-

**Der listenreiche
Odysseus**

*Gesichter Anatoliens – offen, herzlich und voller Gastfreundschaft*

nichtungen von Dachau und Auschwitz. Troja ist genauso exakt erfaßbar und beschreibbar wie Pearl Harbor, Dünkirchen – oder Stalingrad. Auch unsere Zeit hat ihre Homers gefunden. Wenn nicht von der literarischen Qualität, so doch von den Inhalten. Was anderes sind denn die Werke eines Erich Maria Remarque, eines Hans Hellmut Kirst oder Herman Wouk? Der Zweite Weltkrieg als historischer Hintergrund, verpackt darin Heldenmut, Kriegsverherrlichung, Beziehungsdramen. Noch immer sprechen unsere Väter voller Begeisterung von ihren Erlebnissen auf den Schlachtfeldern, von Jagdgeschwadern, von Korpsgeist und Männerfreundschaften. Sie zimmern sich ihre heldenhafte Vergangenheit zurecht. Anstatt daran zu erstikken, leben sie daraus. Nichts hat sich wirklich verändert im Laufe der Menschheitsgeschichte. Bis auf ein paar Namen, ein paar technische Details. Immer gab es zuerst die Verworfenheit, die Schandtat, die Vernichtung. Dann erst folgte die poetische Ausschmückung.

Kehren wir zurück nach Troja auf der Suche nach der verlorenen Zeit. Der kräftige Wind, der hier fast immer weht, mildert die Hitze des Tages. Ein Baum, verwachsen mit den Resten einer Wehrmauer, bietet mir Schatten. Von diesem Platz aus kann ich weit über die Ebene des antiken Skamandros blicken. Mir im Rücken liegt der Berg Ida, und in einiger Entfernung schimmert das blaue Wasser der Ägäis. Drüben in den Ruinen des römischen Theaters sitzt eine Gruppe und lauscht dem traurigen Vortrag einer jungen Frau. Wortfetzen dringen zu mir herüber, lassen sich

**Auf der Suche nach der verlorenen Zeit**

*Wichtigster Bestandteil der türkischen Küche – hauchdünn ausgerolltes Fladenbrot*

als jene Stelle der »Ilias« identifizieren, in der Helena den Tod ihres Schwagers Hektor betrauert.

Wohl kaum jemand, der Troja besucht, vergißt,
seine Homerausgabe mitzubringen. Er tut gut
daran, zumindest sollte er deren Inhalt kennen.
Der Hügel von Hisarlik, dieser Trümmerhaufen
im verdorrten Gelände, gibt nichts preis von seiner sagenhaften Vergangenheit. Zudem ist er be-
ängstigend klein. Seine Flächenausdehnung entspricht gerade der eines Fußballplatzes. Konnte
so eine winzige Festung sich zehn Jahre lang gegen den Ansturm der Achäer behaupten? Bot sie
denn überhaupt genug Platz für all die Götter und
Göttinnen, all die Helden, die schöne Helena und
das hölzerne Pferd? Man möchte es fast für unmöglich halten und beginnt die Zweifel der Gelehrten zu verstehen. – Einen jedoch gab es, der
nahm die »Ilias« wichtiger als die Bibel. Heinrich
**Heinrich**     Schliemann, ein armer Pastorensohn aus Meck-
**Schliemann: Die**  lenburg und mit unwahrscheinlichem Glück
**»Ilias« als**    reich gewordener Großkaufmann in St. Peters-
**Reiseführer**    burg, wagte es, der Wissenschaft den Fehdehand-
schuh eines Dilettanten hinzuwerfen. Er nahm
seinen innig geliebten Homer wörtlich. Für ihn
war die »Ilias« Reiseführer und Straßenkarte zugleich. Und so zog er aus, Troja zu suchen, von
dessen Existenz er seit seiner frühesten Kindheit
überzeugt war.

Damit begann eine der romanhaftesten Episo-
den in der gesamten Archäologiegeschichte. Fünf
Jahre, zwischen 1868 und 1873, suchte und grub
Schliemann mit wilder Entschlossenheit. Seine erste Annahme, Troja läge bei Bunarbaschi, einem
kleinen türkischen Dorf südlich der Einmündung
der Dardanellen, stellte sich bald als falsch heraus.
Kulturhügel und Baureste sind über die gesamte
Troas-Ebene verstreut, aber der Hobbyarchäolo-

ge Schliemann fühlte sich besonders von dem Hügel nahe dem Dorf Hisarlik angezogen. 1870, als er endlich alle Genehmigungen der Türken hatte, fiel er wie ein Besessener über den Hügel her. Stück für Stück wurde die Anhöhe abgetragen. Ohne Zweifel hat er bei seinen Ausgrabungen vieles zerstört und somit unersetzlichen Schaden angerichtet. Der berüchtigte Schliemannsche Nord-Süd-Graben ist noch heute zu sehen. Seine Grabungsmethoden haben ihm denn auch die heftigste Kritik eingebracht. Aber man muß ihm zugute halten, daß die Spaten-Archäologie erst in den Kinderschuhen steckte. Und schließlich bewies Heinrich Schliemann doch: Homer hat recht! Er fand Troja! Überarbeitet, krank, geplagt von der Hitze und den Moskitos war er, als er am 15. März 1873 in sein Tagebuch eintrug: »Die Strapazen des Lebens hier in dieser Einöde werden noch erhöht durch die zahllosen Eulen, die in Löchern der von mir ausgegrabenen Mauern Nester bauen. Ihr Ruf hat etwas Abgründiges, Grauenhaftes. Er ist unerträglich . . .«

Knapp sechs Wochen später fand Schliemann den »Schatz des Priamos«. In einer Grube, unweit der großen Stadttore, sah er in achteinhalb Meter Tiefe eine kupferne Truhe. Als er sie öffnete, war sie gefüllt mit goldenen Diademen, silbernen Kelchen, Messerklingen, Dolchen, Lanzen, 56 goldenen Ohrringen und 8750 goldenen Ringen und Knöpfen. Die Entdeckung war eine Sensation, die nicht ihresgleichen hatte, bis fünfzig Jahre später, 1922, britische Forscher in Ägypten das Grab Tutanchamuns entdeckten. Heinrich Schliemann brachte seinen Schatz in ein eigens dafür gebautes Haus nach Athen. Kurz vor dem Ende seines bewegten Lebens stellte er ihn in London aus und vermachte ihn schließlich testamentarisch den

**Der Schatz des Priamos**

Berliner Museen. Doch als läge ein Fluch darauf,
ging der Schatz in den Wirren des Zweiten Weltkrieges verloren und ward nicht mehr gesehen.
Was der Hobbyarchäologe allerdings bis kurz vor
seinem Ende nicht wußte: Der Goldschatz, den er
fand, stammt aus einer Zeit, die ins 3. Jahrtausend
vor Christus zurückreicht. Denn vor dem homerischen Troja gab es ein anderes, und davor noch
eines und noch eines . . . Anfang und Ende, Licht
und Schatten, Tragik und Komödie – Troja lehrt
uns etwas über das Gesetz der Dualität.

# Pergamon – Thron des Teufels, Stätte der Götter

Auch denke ich gerne meiner Wanderung durch die
Gegenden von Smyrna. Es ist ein herrlich Land, und
ich habe tausendmal mir Flügel gewünscht, um des
Jahres einmal nach Kleinasien zu fliegen.
*Friedrich Hölderlin, 1797*

Das letzte Mal war ich an einem heißen Augusttag
in Troja. Kinder, bekleidet mit weiß-blauen Schul-
uniformen, wuselten übermütig zwischen den
trostlosen Ruinen herum. Sie spielten Fangen und
benutzten die geschichtsschweren Mauern als
Klettergerüst. Ein Bündel gleichgültiger Jahreszahlen, die sie hören und auch gleich wieder vergessen, mehr ist Troja nicht für sie. – Später dann
traf ich die Schulklasse noch einmal. Wohlgeord-
net in Zweierreihen und mit ernsten Gesichtern
standen sie am Fuße des Trojanischen Pferdes.
Ein kleiner Junge mit einer weißen Taube in der
Hand erklomm über eine Holzleiter den Kopf des
Pferdes. Ein befreiender Flügelschlag, und der
Vogel stieg auf in den Himmel. »Barif – Frieden,
Frieden«, rief ein Chor von Kinderstimmen ihm
nach. Frieden, ob sie wohl eine Ahnung haben
von der Bedeutung dieses Wortes? Ihre Köpfe
sind noch nicht vollgestopft mit den Jahrbüchern
der Geschichte, die in immer wiederkehrender
Monotonie bezeugen, daß es einen dauerhaften
Frieden bisher nicht gab. Aber ein Lichtstrahl
flammt auf in den beschwerlichen, verstaubten
Schubladen unserer Erinnerungen. Ein Hoff-
nungsschimmer liegt in diesen noch unbelasteten
Kinderstimmen, daß ihr Ruf vielleicht doch Gren-

zen und Mauern sprengen kann und Frieden mehr ist als eine ferne Zukunftsvision.

Das Land, durch das ich nun fahre, weiß viel von Heldenmut, aber wenig von Frieden zu berichten. Wir, die heute auf kurzem Luftweg Entfernungen spielend überwinden, können uns kaum vorstellen, wie es vor ein-, zweitausend Jahren gewesen sein muß, als Alexander der Große sein makedonisches Reiterheer erstmals auf asiatischem Boden sammelte oder Barbarossa, der Rotbart aus Schwaben, mit einem Kreuzfahrerzug über das Meer gesegelt kam, um den gottlosen Moslems Jerusalem zu entreißen. Das alles spielte sich auf der Troas-Ebene ab, bei Canakkale. Die

**Die Dardanellen** Dardanellen, dieses im Meer ertrunkene Flußtal, das sich als leicht überwindbare Wasserbrücke zwischen dem ägäischen Festland und Kleinasien erwies, waren Schauplatz vieler blutiger Schlachten. Im Dunst der Mittagshitze steigt ein weißes Mahnmal auf und mit ihm die Erinnerung an den Ersten Weltkrieg, an jenen letzten Versuch, diesen Kreuzweg als natürliches Zentrum der Macht im östlichen Mittelmeer gewaltsam zu besetzen: 18. 3. 1915 englisch-französischer Flottenangriff; 25. 4. Landung auf der Halbinsel Gallipoli; 20. 12. 1915 Rückzug der Alliierten. Der Kanonendonner ist verhallt, statt dessen erfüllt das scheußliche Krächzen unzähliger Möwen den Himmel. Und dort, unter der Wasserfläche der Dardanellen, liegen mehr als 100 000 Soldaten begraben.

Weiter fahre ich gen Süden im hellen warmen Licht der Ägäis. Um mich herum breitet sich eine fruchtbare, ständig wechselnde Landschaft aus. Hirten mit ihren Herden ziehen vorbei und Frauen mit schweren Lasten auf dem Rücken. Sie schauen müde aus. Vergebens versuche ich in ihren Augen noch etwas von dem feurigen Glanz zu finden, dem wilden, kämpferischen Blick, den die Amazonen hatten, als sie frei und ungebunden auf ihren Pferden über dieses Land hier fegten. – Die Straße führt in ein tiefgelegenes, flaches Tal. Wie ein uralter, kostbar behauener Stein taucht aus der Ebene Assos auf. Die mächtigen Mauern der Zitadelle, hoch oben auf der Akropolis, blicken gleichmütig auf die glitzernden Wellen der Ägäis. Es gab eine Zeit, da war Assos die schönstgelegene griechische Siedlung überhaupt. Aristoteles, Platons berühmtester Schüler, wollte nur auf eine Stippvisite kommen. Drei Jahre, zwischen 348 und 345 vor Christus, hielt der Zauber der Stadt ihn gefangen.

Zwischen den Häusern des kleinen Dorfes Behramkale, die sich an den steilen Hügel der Akropolis klammern, steige ich hinauf zur Zitadelle. Ein paar dorische Säulen erinnern daran, daß einst der Tempel der Göttin Athene hier stand. **Der Tempel der Athene** Sie, die Tochter des Zeus, war ja nicht nur die Göttin des Krieges, sondern auch die Schutzpatronin des Handwerks. Wenn man die Frauen in Behramkale danach fragt, wer sie das Weben ihrer weithin berühmten Decken und Teppiche lehrte, dann weisen sie nach oben in den Himmel und flüstern ehrfurchtsvoll den Namen Athene. Die Muster der Vergangenheit haben sich auch in Assos selbst eingewoben. Eine Moschee, die aus einer Kirche mit Kreuz entstanden ist. Eine griechische Inschrift über der Tür verweist auf jene Zeit, als Assos Teil des Byzantinischen Reiches war. Doch Hellas ist hier viel näher als Byzanz. Die Häuser am Hang, die schmalen, steilen Gassen, die blauen Fischerboote unten am Strand und in der Ferne die Silhouette von Lesbos, man glaubt, in Griechenland zu sein.

Und dann weiter die Küste entlang, ostwärts

und südostwärts. Überall im Schatten tausend-
jähriger Ölbäume liegt antikes Geröll. Felder breiten darüber den Mantel der Vergessenheit. Immer
wieder tauchen Zigeunercamps mit ihren schüt-
zend eng zusammengestellten Wagen unter einer
Baumgruppe auf. Heimatlose Wanderer auf ihrer
Rast zwischen gestern und morgen. – Die Straße
schwenkt landeinwärts. Baumwolle, Tabak, Fei-
genkulturen. Diese alte fruchtbare Ebene bildete
im dritten und zweiten vorchristlichen Jahrhundert das Kernland des pergamenischen Königrei-
ches: Pergamon! Wie eine Sternschnuppe leuchtet
dieser Name am dunklen Firmament der Geschichte auf. Pergamon, große, mächtige Rivalin

**Majestätische
Ruinen der
einstigen
Königsresidenz**
von Ephesos, Alexandria und Antiochia! Als
wollten sie uns noch etwas von ihrer alten Bedeutung in die Gegenwart herüberreichen, ragen ma-
jestätisch die mächtigen Ruinen der einstigen
Königsresidenz auf dem vierhundert Meter hohen Burgberg auf. An seinem Fuß liegt Bergama,
eine reizvolle türkische Kleinstadt. Weiße Back-
steinhäuser mit rotleuchtenden Ziegeldächern
drängen sich schutzsuchend aneinander, um dem
Druck der übermächtigen Vergangenheit stand-
zuhalten. Von oben betrachtet, sehen sie aus wie
ein buntes anatolisches Teppichmosaik, dessen
Fäden so eng verknüpft sind, daß die darunter
begrabenen römischen Mauern keine noch so
kleine Chance haben, jemals wieder ans Tageslicht befördert zu werden.

Gerade habe ich mich in einem der kleinen
Teehäuser am Rande der Hauptstraße von Bergama niedergelassen, da donnert ein vollbeladener
Lastwagen vorbei. Augenblicklich sind die umlie-
genden Teppichläden, die Frauen in ihren farbi-
gen Trachten, die Eselskarren und Verkaufs-
stände in einer gigantischen Staubwolke ver-

schwunden. Es dauert eine Weile, bis sich die
Szenerie vor mir wieder in klaren Konturen ab-
zeichnet. Doch schon naht das nächste Ungetüm,
ein breithüftiger Überlandbus. Erneut versinkt
die Welt in staubgrauem Nebel, verharrt eine
Weile darin und taucht dann langsam wieder auf.
Das Spiel wiederholt sich alle paar Minuten. Der
Tee knirscht mir mittlerweile zwischen den Zäh-
nen. Und es klingt wie das unangenehme, mah-
lende Knirschen im Rad der Geschichte.

*Archaisch ist das Leben in den türkischen Dörfern*

    Pergamon ist auch so ein Ort, der, zeitlich nicht
faßbar, aus dem mythologischen Nebel auftaucht.
Der Sage zufolge steht zumindest Pergamons Na-
mensgebung in Zusammenhang mit dem Trojanischen Krieg. Andromache, die Frau von Hektor,
wurde, so heißt es, von den Achäern gefangenge-
nommen und später mit Neoptolemos, dem Sohn
von Achilles, vermählt. Aus dieser Ehe gingen
drei Kinder hervor, und Pergamos, der jüngste
Sproß, gründete auf dem einzigartig liegenden
Hügel eine Stadt. Die erste historische Nachricht
besagt, daß die vom bedeutenden Geschichts-

schreiber Xenophon geführte griechische Söld-
nertruppe der »Zehntausend«, die aus dem persischen Erbfolgekrieg zwischen Kyros und Arta-
xerxes kam, sich im Jahr 339 vor Christus in Pergamon aufhielt. Die Annalen berichten, daß Xenophon ein höchst erfolgreicher und listiger
Kriegsherr war, einer, der nicht »nur« über Geschichte schrieb, sondern heftig an ihr mitwirkte.

Solches ist mir wohl nicht vergönnt, und ich
muß noch einen Augenblick im Gestrüpp der
Geschichte hängenbleiben. In jenen Jahren um
280 vor Christus nämlich, als Alexander der Große dummerweise vergaß, für sein kurzfristig ge-

**Das Erbe** schaffenes Riesenreich ein ordentliches Testa-
**Alexanders** ment zu hinterlassen. Nach seinem Tode stritten
sich seine Feldherren heftig um das Erbe. Lysima-
chos, einer der Generäle, beging die Unvorsichtig-
keit, den von Alexander zusammengerafften
Goldschatz im Wert von etwa 100 Millionen Mark
Philetairos, dem Statthalter von Pergamon, zur
Bewachung zu überlassen. Dieser Eunuche dach-
te überhaupt nicht daran, den Schatz wieder her-
auszugeben. Vielmehr ernannte er sich nach dem
Tode von Lysimachos selbst zum unabhängigen
Herrscher von Pergamon und tat damit nur das,
was vor ihm und nach ihm so viele andere taten.
Denn Veruntreuung von Schätzen, Verrat, Lüge
und Korruption sind allzu menschliche Schwächen auf der politischen Weltbühne. Wenn er es
auch für seine eigene Ruhmsucht tat, so muß man
Philetairos doch zugute halten, daß er mit den
ergaunerten 100 Millionen Mark den Grundstein
für eine der schönsten und reichsten Städte der
Antike legte. Und auch seine Nachfolger, der
Adoptivsohn Eumenes und dessen Neffe Attalos,
festigten das Pergamenische Reich so weit, daß es
sich beinahe über ganz Südwestasien erstreckte.

Fortgewischt wurden die Gallier, dafür ging man mit den herandrängenden Römern eine kluge Bündnispolitik ein.

Attalos I., Eumenes II., Attalos II., sie alle waren kluge und diplomatische Herrscher. Nur einer, der dritte und letzte in der Attalos-Reihe, war ein komischer Kauz. Er litt unter Verfolgungswahn und lebte ständig in der Furcht, vergiftet zu werden. In seiner alchimistischen Küche suchte er für jedes Gift das passende Gegengift, um für alle Eventualitäten gewappnet zu sein. Als kurz nacheinander seine Mutter und seine schöne Ehefrau starben, brach es ihm das Herz. Nach seinem Tod fand man ein seltsames Testament, in dem er das gesamte griechisch-pergamenische Reich den Römern vermachte. Doch auch unter ihrer Herrschaft strahlte der veruntreute Kriegsschatz Alexanders weiter aus. Die drei römischen Kaiser Vespasian, Trajan und Hadrian machten Pergamon zum wichtigsten Zentrum an der ägäischen Küste Kleinasiens, entwickelten es zu einer 150000 Einwohner zählenden Großstadt, die sich vom Akropolis-Hügel weit hinunter in die Ebene zog. Diese Vormachtstellung hielt Pergamon auch dann noch, als das frühe Christentum sich allmählich vom Osten aus immer stärker bemerkbar machte. Apostel Johannes, der in der heidnischen Stadt predigte, hatte seine liebe Mühe, hier eine der sieben Gemeinden Kleinasiens zu gründen. Noch aus der Verbannung, in den Mauern des nach ihm benannten Klosters auf Lesbos, wetterte er gegen die zahlreichen Götter und bezeichnete Pergamon als »Thron des Satans«. Im 14. Jahrhundert, als die einst blühende Stadt osmanisch wurde, verfiel der uralte Burghügel, geriet die antike Stadt in Vergessenheit.

Geschichte im Zeitraffer, Jahreszahlen und Na-

**Zentrum der ägäischen Küste**

men, doch ihre Nennungen sind zum besseren Verständnis nötig. Sie sind auch gleichsam eine tiefe Verbeugung vor dieser Stadt und ihren Herrschern, die Pergamon zu dem machten, was es einmal war: ein Zentrum von Kunst und Kultur und eine weithin berühmte Heilstätte.

Steine, leere Ruinen, aus denen der Staub verlorener Zeitalter weht. Verzweifelt klammern sie sich an den steilen Lavaberg, damit sie nicht abrutschen in den dunklen Kanal der Vergessenheit. Und überall diese warnenden Schilder »Betreten verboten«, die einem zusätzlich noch den Eintritt in die Vergangenheit verwehren. Nein, einfach ist es nicht, in den seelenlosen Trümmern die einstige Schönheit Pergamons, die Bedeutung und den großen Geist dieser Stätte zu erspüren. Man kann es sich leichter machen als ich, einfach die gut ausgebaute Straße zum Gipfel der Akropolis hinauffahren und sich einreihen in die Schlange am Kassenhäuschen. Doch das schien mir zu abrupt, dieser Sprung vom staubigen türkischen Alltagsleben Bergamas hinauf in die glanzvolle Vergangenheit der hellenistischen Welt. So nehme ich den steilen, beschwerlichen Weg über die Unterstadt, quäle mich zwischen römischen Ruinen bergan. Eumenisches Tor, Unterer Markt, Attaloshaus, Westthermen, Gymnasion – unter mir atmet das Land schwer in der Augusthitze. Am Wunschbrunnen vor dem Heiligtum der Demeter lasse ich mich zu einer kurzen Rast nieder. Vielleicht bin ich kurz eingeschlafen, vielleicht sind es ferne Erinnerungen, die als Bilder des Unbewußten aufsteigen. Die Ebene zu meinen Füßen liegt eingetaucht in silbernes Mondlicht. Ein Zug weißgekleideter Frauen nähert sich dem Tempel. Im Schein von Fackeln leuchten ihre hellen, schönen Gesichter wie gemeißelter Marmor. Am Eingang

**Das Heiligtum der Demeter**

hält der Zug an, jede Frau tritt einzeln vor, und
unter den leisen Gebeten einer Priesterin läßt sie
ihre mitgebrachte Opfergabe in den Brunnen sinken. Dann formiert sich der Zug neu, und mit
aufwärts geöffneten Händen treten die Frauen
durch das kostbare Portal in das Tempelinnere.
Langsam und gemessenen Schrittes, begleitet von
tausend Augenpaaren, die sie von den Zuschau-
erplätzen aus anschauen, bewegen sich die Frau-
en an vier Altären vorbei zum Hauptheiligtum
des Tempels. Dort, auf der obersten Stufe des ihr
geweihten Altars, steht die Göttin Demeter. Vor
ihren Füßen steigen weiße Dämpfe auf, breiten
sich aus und lassen die Bilder meiner inneren
Erfahrungswelten im Nebel zerfließen.

Bilder, die schwer zu fassen sind. Der Verstand
versucht sie zu ordnen, sucht Zuflucht im Reich
der Mythen. Demeter, jahrtausendealte Göttin      **Demeter – Göttin**
der Fruchtbarkeit – sie irrte durch die griechi-    **der Fruchtbarkeit**
schen Welten, um ihre geliebte Tochter Persepho-
ne, die von Hades, dem Gott des Totenreiches,
entführt worden war, wiederzufinden. In Eleusis
(bei Athen) wurde sie von König Keleos gast-
freundlich aufgenommen. Zum Dank schenkte
die Göttin Triptolemos, dem Sohn des Königs, ein
Weizenkorn und lehrte ihn den fruchtbaren An-
bau des Getreides. Zur Erinnerung an dieses kostbare Geschenk entstanden die Eleusischen My-
sterienkulte, die noch im ausklingenden vierten
Jahrhundert in der griechisch-römischen Welt
sehr verbreitet waren. Doch der Sinn dieses Kul-
tes, das Wissen des Einweihungsweges, der die
Menschen in ein lichtvolleres Sein als das im fin-
steren, freudlosen Hades führte, ist verlorenge-
gangen.

Es gab einmal eine Zeit, vor 2000 Jahren etwa,
da war dort oben auf dem Burghügel das gesamte

Wissen der Menschheit gesammelt. Und wieder einmal war es eine verhängnisvolle Kette menschlicher Schwächen, die diesen unwiederbringlichen Schatz in Flammen aufgehen ließ. Als Pergamon eine hellenistische Stadt war, beherbergte es eine emporstrebende Bibliothek, eine der größten Büchereien der antiken Welt. Diesen Rang freilich wollten sich die Ägypter mit ihrer prall gefüllten alexandrinischen Bibliothek nicht streitig machen lassen und verboten kurzerhand die Ausfuhr von Papyrus. Die Pergamener besannen sich daraufhin wieder auf eine alte ionische Technik, Papier aus Tierhäuten herzustellen. Da die Ziegen- und Schafshäute aber selbst nach der Bearbeitung noch wesentlich dicker waren als Papyrus, wurden sie nicht gerollt, sondern fein säuberlich geschnitten und zu Büchern gebunden. Diese List konnte jedoch nicht verhindern, daß die 200 000 Werke umfassende Bibliothek von Pergamon schließlich doch den Ägyptern in die Hände fiel. Als Julius Cäsar mit seinen Truppen in Alexandria einmarschierte, brannten sie wohl versehentlich die größte Bibliothek der Antike ab. Antonius, Cäsars Freund, versprach Wiedergutmachung und schenkte seiner Geliebten und Bündnispartnerin Kleopatra die gesamte pergamenische Bücherei.

**Die Bibliothek von Alexandria**
Freilich hat auch diese Geste dem Wissensdurst der Menschheit nicht sehr viel geholfen. Man schrieb das 7. Jahrhundert nach Christus – die Bibliothek von Alexandria war zu der Zeit auf eine Million Werke angewachsen –, da zogen muselmanische Eroberer plündernd durch die Straßen der Stadt und machten alles nieder, was christlich anmutete. Kalif Amru ließ die kostbare Bibliothek kurzerhand beschlagnahmen und benutzte die Schriftrollen und Bücher als Halbjah-

resbrennstoff für die Heizung der viertausend
öffentlichen Bäder der Stadt. Er begründete das
folgendermaßen: Falls die alten Schriften Wissen
enthielten, das im Koran stünde, seien sie überflüssig; und falls sie etwas enthielten, was nicht
im Koran stünde, so sei dieses Wissen für wahre
Gläubige nicht von Nutzen. Über so viel menschliche Dummheit müssen die Götter wohl den
Kopf geschüttelt haben! Und beim Stichwort Götter kehre ich nach dem kleinen Umweg zurück
nach Pergamon.

Dort, wo heute zwei weit ausladende Kiefern     **Der Zeus-Altar**
ein Plateau beschatten, blickte einst ein marmor-
ner Götterhimmel von der Akropolis auf die Erde
herab. Weithin sichtbar für die Menschen in der
Ebene und der Unterstadt, auf daß sie niemals
vergäßen, wer die Welt regierte. Dieser Götterhimmel war eingemeißelt in einen riesigen, dem
Zeus geweihten Altar. Auf einem 150 Meter langen Marmorfries tobte in allen Details eine leidenschaftliche Schlacht: Der Kampf der Himmlischen
gegen die aufsässigen, in die Unterwelt verbann-
ten Giganten, die den Olymp und die Herrschaft
der Götter in einem letzten Aufgebot aller Kräfte
stürzen wollten. Vergessen waren die Zwiste der
Götter untereinander, gemeinsam marschierten
sie gegen die Giganten, retteten in dieser Einigkeit
die olympische Ordnung. Um der Wahrheit die
Ehre zu geben, dieser den Göttern in die Schuhe
geschobene Krieg hatte ganz weltliche Motive.
Und der Zeus-Altar stellte in seiner marmornen
Pracht nichts anderes dar als ein Siegesdenkmal
des Pergamenischen Reiches. Eine ruhmreiche
Glorifizierung jener Schlacht, in der Eumenes II.
über die aufsässigen Gallier siegte. Dies alles muß
man sich freilich an Ort und Stelle zusam-
menphantasieren, denn von dem Altar ist nichts

weiter verblieben als das klägliche Fundament.
Die Rekonstruktion des Original-Tempels steht in
einem Berliner Museum.

Pergamon – so viele Kriege, so viele Heldenta-
ten, so viele Intrigen, so viele Gerüchte! Alexander
verstrickt sich in eine pikante Affäre mit der Wit-
we des persischen Kommandanten Memnos und
überträgt ihr daraufhin das Amt des pergamenischen Statthalters. Antonius hat ein heißes Liebes-
verhältnis mit Kleopatra und schenkt ihr als
Morgengabe die kostbare Bibliothek Pergamons.
Immer auch hat Eros seine Hand mit im Spiel
gehabt, wenn es um die politischen Geschicke der
Stadt ging. Und all die menschlichen Tragödien
und Komödien, die so viel Platz einnehmen auf
der Bühne des Weltgeschehens, feierten drüben
auf der grandiosen Felsenrutschbahn fröhliche
Wiederkehr. Eine Felsenrutschbahn, das ist es in
der Tat, dieses steilste Theater der Welt. Seine aus
dem Stein herausgehauenen Sitzreihen ziehen

*Pergamon – das steil-*
*ste Theater der Welt*

sich geländerlos die Flanke des Berges hinab und
verschwinden irgendwo tief unten im Tal. Da
kann es schon mal passiert sein, daß ein Zuschauer mitten in einer Aufführung beifallklatschend
aufsprang und von seinem gefährlichen Sitzplatz
kopfüber hinabstürzte ins Theatergeschehen. Für
eventuelle Kopfverletzungen oder Beinbrüche
war vorgesorgt, denn nicht weit vom Fuß der
gefährlichen Felsflanke entfernt lag ja ein Kran-
kenhaus. Die Gründung dieser Art Kurklinik hatte auch etwas zu tun mit einem Beinbruch.

Angeblich soll ein reicher Pergamener namens     **Eine »Kurklinik«**
Aristarch sich im nordpeloponnesischen Epidau-   **der Antike**
ros, der damals bekanntesten Heilstätte auf dem
griechischen Festland, einen komplizierten Beinbruch zurechtflicken lassen haben. Mit Hilfe des
vergöttlichten Arztes Asklepios wurde er geheilt.
Aus lauter Dankbarkeit ließ er in Pergamon eine
Sanatoriums-Filiale von Epidauros einrichten.
Das war irgendwann im 4. Jahrhundert. Und fortan zählte das Asklepieion von Pergamon neben
Epidauros und Kos zu den berühmtesten Kuror-
ten der antiken Welt.

»Im Namen aller Götter ist der Eintritt ins Asklepieion dem Gott des Todes untersagt.« Diese
tröstliche Inschrift empfängt mich am Eingangs-
tor der antiken Kurklinik. Auf die schattenlose
820 Meter lange »heilige Straße« brennt die Sonne
erbarmungslos nieder. Vor 2000 Jahren war die
Straße überbaut, und der Kranke wandelte allein
und sich selbst überlassen im schummrigen Däm-
merlicht dem Weg seiner Heilung entgegen. Am
Ende der »Via tecta« steht ein Marmorsockel, und
auf ihm winden sich zwei ineinander verschlungene Schlangen, das Gottessymbol für Heilung.
Ich erinnere mich an eine Geschichte, die die Heil-
priester ihren neuankommenden Patienten er-

zählt haben sollen. Ein Mann kam einst ins Asklepieion mit einer scheußlich verdorrten Hand. Im
Heiligtum des göttlichen Arztes stand er vor den
Wandbildern, die voll der Lobeshymnen von
wunderbaren Heilungen waren. Er grinste und
spottete über diese »Ammenmärchen«. Doch als
er plötzlich niederschaute auf seine Hand, war sie
geheilt.

**Der Eid des**     Diese Geschichte ist für mich wie ein Spiegel,
**Hippokrates**  in den alle hineinblicken sollten, die sich Ärzte
und Heiler nennen. Vierhundert Jahre vor Beginn
der Zeitrechnung gab es einen griechischen Arzt
mit Namen Hippokrates. Er gilt als Vater der
Medizin. Durch sein ganzes Leben, Forschen und
Handeln zog sich der Gedanke der göttlichen
Dreieinigkeit von Körper, Seele und Geist. Und
noch heute schwört jeder Arzt der Welt den Eid
des Hippokrates.

Doch wieviel ist die Jahrhunderte über verlo-
rengegangen von dem Wissen um natürliche
Heilmethoden, über die Wirkung von Licht,
Schwingung und Farben, von den heilenden
Kräften, die aus der Tiefe des Selbst aufsteigen
können, wenn man sie nur aktiviert. Die Ärzte der
Antike hatten dieses Wissen, behandelten die
Kranken mit Honigkuren, mit Heilkräutern, mit
**Naturheilkunde**  Wasser- und Sonnenbädern. Schlammkuren,
Massagen, Fasten, Heilschlaf, Traumtherapie,
Theater, Konzerte, das alles gehörte in die dem
Gott Asklepios geweihten Sanatorien.

Mit dem Aufkommen des Christentums begann der Niedergang des Asklepieions von Pergamon. Neben dem Wundertäter von Nazareth,
dem Seelenarzt der Christen, hatte der göttliche
Arzt Asklepios, der »Heiland der Heiden«, wie
ihn die christlichen Apologetiker schimpften,
bald keine Chance mehr zum Überleben. Das As-

klepieion wurde geschlossen. Langsam erst wieder beginnen wir zu begreifen, daß das Göttliche
keinen Namen hat. Und langsam auch beginnt die
Naturheilkunde neben der Schulmedizin wieder
die Stellung einzunehmen, die ihr gebührt.

# Göttinnen und Kurtisanen – Wo das ewig Weibliche regiert: Ephesos

Die Sonne taucht das Theater von Ephesos in goldenes Abendlicht. Die Ränge sind bis auf den letzten Platz gefüllt. Der Blick von den oberen Sitzreihen fällt weit über das Mäandertal. Jetzt, im Mai, ist die grüne Schwemmlandebene von einem bunten Blütenteppich durchwirkt. Noch ein paar Wochen, dann wird die Sommerhitze den uralten Kulturboden zu braungelber Dürre verbrannt haben. Das Orchester nimmt vor den antiken Säulen des Bühnenhauses Platz, stimmt seine Instrumente. Das Konzert – eines von vielen in diesem Jahr – beginnt. Im Auf- und Abschwellen der Musik bricht die Dämmerung an, und die länger werdenden Schatten beschwören die Bilder der Vergangenheit herauf. 2300 Jahre schrumpfen zu einem Augenblick.

Vielleicht war es erst gestern, daß der Philosoph Heraklit hier sein berühmtes »Panta rhei« (»Alles fließt, alles ist der Veränderung unterworfen«) verkündete, daß Gladiatoren miteinander rangen und zu Ehren des Theatergottes Dionysos orgiastische Feiern abgehalten wurden. Wieviel Weltgeschichte noch immer lebendig ist zwischen den grasüberwucherten Steinen des stattlichen Theaters!

Wie sich die Bilder gleichen! Auch vor knapp

**»Panta rhei«**

zwei Jahrtausenden, genau im Jahre 53 nach Christus, drängten sich 24 000 Menschen im Halbrund des Theaters, brandete tosender Beifall zum Bühnenhaus hernieder. Doch das Gejohle und Geklatsche galt nicht den Solisten des Orchesters, sondern einem Mann namens Demetrios. Im 19. Kapitel der Apostelgeschichte lesen wir den Tatsachenbericht jener machtvollen Demonstration, die sich damals inmitten der Umbauarbeiten im Theater von Ephesos abspielte.

**Paulus in Ephesos** Seit einiger Zeit schon hatte Paulus in Ephesos die neue Lehre des Jesus von Nazareth verkündet und scharenweise Anhänger gefunden. Das aber brachte die Priester der Artemis gegen ihn auf und erboste die Andenkenhändler. »Zu jener Zeit entstand wegen der Lehre ein gewaltiger Aufruhr«, so beginnt die Geschichte im Neuen Testament.

»Ein Silberschmied namens Demetrios, der kleine silberne Artemis-Tempelchen anfertigte und dadurch den Handwerkern nicht geringen Verdienst verschaffte, rief diese und andere, die ähnliche Arbeiten verrichteten, zusammen und sprach: ›Ihr Männer! Ihr wißt, dieser Arbeit verdanken wir unseren Wohlstand. Nun aber seht und hört Ihr: Dieser Paulus hat nicht nur in Ephesos, sondern in fast ganz Kleinasien viele Leute überredet und uns abspenstig gemacht. Denn er behauptet: Das seien keine Götter, die von Menschenhand gemacht seien. Damit gefährdet er nicht nur unser Geschäft, sondern er bringt auch noch das Heiligtum der großen Göttin Artemis in Mißkredit!‹«

Und so zog die Gilde der Devotionalienhändler auf die Straße, formierte einen Protestzug und erhielt Zulauf von allen Seiten. Tausende drängten schließlich ins Theater, reckten die Fäuste und skandierten im Sprechchor mehr als zwei Stunden lang:»Groß ist die Artemis der Epheser!« Und Paulus mußte wieder einmal fluchtartig den Schauplatz seines wagemutigen Wirkens wechseln. Doch er hatte erreicht, was noch niemand zuvor erreicht hatte: den tausend Jahre währenden Glauben an die große Artemis zu erschüttern. Nun drohte die silberne Muttergöttin zum Ladenhüter zu werden.

Ephesos – noch immer nimmt die einstige Hauptstadt der römischen Provinz Asia den ersten Rang unter allen antiken Stätten des Abendlandes ein. Mehr als dreitausend Jahre Geschichte sind über die Schwemmlandebene des Mäandertales hinweggezogen. Da waren die dunkelhäutigen Kimmerer und die schlitzäugigen Mordscharen des Tamerlan, die rätselhaften Seevölker und die flachsblonden Goten, die römischen Legionäre, die Seldschuken, die feilschenden Levantiner und schließlich die Kreuzfahrer-Heere. Sie fädelten sich alle in den ewigen Kreislauf von Zerstörung und Wiederaufbau ein – wieder und immer wieder. Und Ephesos, diese hellenistischrömische Weltstadt, in der zeitweise bis zu dreihunderttausend Menschen lebten, in der große Künstler, Bildhauer, Architekten, Dichter und Denker wirkten, dieses Zentrum vitalen menschlichen Lebens, verkam und versank in Bedeutungslosigkeit. Im 19. Jahrhundert war Ephesos nicht mehr als ein Dorf, der Hafen versandet, das Mäandertal versumpft. Eine Brutstätte von Seuchen und todbringendem Gelbfieber.

Dennoch, Ephesos ist mehr als nur ein bleiches Stadtgerippe. Heute dürfen wir wieder etwas spüren von der Schönheit und Vergänglichkeit der Antike. Das haben wir den Archäologen und Mäzenen verschiedener Länder zu verdanken,

**Ephesos – erste unter den antiken Städten**

die seit mehr als einem Jahrhundert vorsichtig Schicht um Schicht freilegen, Steine, Mauern, Säulen zusammentragen, rekonstruieren und zu einem großartigen Kolossalgemälde der Geschichte zusammenfügen. Staatsagora, Domitian-Tempel, das Nymphäum, Thermen, Bordell, Theater, Arkadiane, die Marmorstraße und die schöne Celsius-Bibliothek verschaffen uns wieder einen Eindruck jener großartigen Epochen, die die Kultur unseres Abendlandes entscheidend geprägt haben.

Doch nicht so sehr von Baudenkmälern und Geschichte soll hier die Rede sein – beides kann man überall nachlesen und vor Ort besichtigen –, sondern von den Mythen vieler Generationen, von dem urweiblichen Prinzip, das Ephesos bis in unsere Zeit beherrscht. Mir ist in der Türkei nur noch eine antike Stätte begegnet, in der die Weiblichkeit so inbrünstig verehrt wurde wie in Ephesos: Aphrodisias, die weiße Marmorstadt in der karischen Bergwelt. Ihre Schönheit wird noch verstärkt von dem Zauber der Landschaft, von der Weichheit des Lichtes. Ihre Attribute sind Zartheit, Lieblichkeit, Melancholie. In Ephesos hingegen spürt man eine ganz andere Energie – kraftvoll, erdverbunden, robust.

**Heimstatt der Göttermutter** Schon immer hat sich Ephesos als Heimstatt der Göttermutter gefühlt. Und dies schon lange vor dem Anbruch des christlichen Zeitalters. Unter dem Namen Kybele wurde hier jahrtausendelang die altanatolische Große Muttergottheit verehrt. Die Ära der Artemis begann vielleicht nicht ganz zufällig im Zeichen des Fisches. Das war damals – im zehnten vorchristlichen Jahrhundert –, als Ephesos noch mit seiner tief ins Land hineindrängenden Bucht einen Zugang zum offenen Meer hatte. Da landete der sagenhafte Androklos, ein athenischer Königssohn, mit einer Schar wagemutiger ionischer Griechen an der Westküste Kleinasiens. Daheim noch hatte er das Orakel von Delphi befragt, wo der günstigste Platz sei, um eine neue Stadt zu gründen. Das Orakel antwortete, er habe den Ort zu finden, wo ein Fisch und ein Eber zusammenträfen.

Eines Nachts, Androklos und seine Männer rasteten am Ufer des Menderes und brieten dort ihren Meeresfang, fiel einer der Fische halbverkohlt in dürres Reisig und setzte es in Brand. Das Feuer griff um sich, erfaßte ein nahes Gebüsch, und heraus stürmte erschrocken und schnaubend ein wilder Eber. Androklos verfolgte ihn auf seinem Pferd und tötete das Tier am Fuß des Ayasoluk. Das Orakel hatte sich erfüllt, Ephesos konnte gegründet werden.

Die Ionier schlossen sich mit den Ureinwohnern zusammen, übernahmen den Namen ihrer Stadt und den Glauben an die Muttergöttin. Im Laufe der Zeit verschmolz der Artemiskult der Griechen mit der archaischen Verehrung der Kybele zum eigentümlichen Kult der Artemis der **Artemis und** Epheser. »Groß ist die Artemis der Epheser« – so **Kybele** hat es noch mehr als tausend Jahre später geheißen, als aus der griechischen Artemis längst schon die römische Diana geworden war. – Und immer waren es vor allem Männer, streitbare Feldherren und ruhmsüchtige Könige, die dieser vielnamigen Muttergöttin in sichtbarem Ausdruck huldigten. Der Kolossaltempel der Artemis, zur Zeit des unermeßlich reichen Kroisos, des Königs der Lyder, errichtet, übertraf alles bisher Dagewesene in seinen Dimensionen und seiner Ausstattung und zählte zu den sieben Weltwundern der Antike. Diese steingewordene Symphonie der Baukunst war 114 Meter lang, 55 Meter breit und somit größer als die meisten Kathedralen der Welt. Ionische Säulen, jede an die zwanzig Meter hoch, trugen das Dach, jede von einem anderen Herrscher gestiftet. Hethitische, assyrische und ägyptische Formen prägten die einzigartigen Figurenreliefs – 120 Jahre hatte man daran gearbeitet und doch keine Vollendung gefunden.

Jener herrliche Tempel wurde der Mutterschoß der Artemis. Sie hielt ihre schützenden Hände über das Leben und gewährte allen, die sich im heiligen Tempelbereich aufhielten, Asyl. Dieses Bannmeilengesetz, vor dem jede Strafverfolgung haltmachte, lockte auch Diebe und Mörder ins Heiligtum. Und nur so war es möglich, daß ein Wahnsinniger, der sich durch die Annalen der Geschichte Unsterblichkeit verschaffen wollte, Eintritt in den Tempel bekam. Man schrieb das Jahr 356 vor Christus, als Herostratos – so hieß der Mann – eine Brandfackel in das Gebälk des Heiligtums warf und dieses in Schutt und Asche legte. Artemis, das erzählt die Legende, konnte den Brand nicht verhindern, weil sie in jener Nacht im fernen Makedonien weilte, um die Geburt eines göttlichen Knaben mit Namen Alexander zu bewachen.

**Asyl im Tempel der Artemis**

Auf seinem Feldzug nach Persien kam Alexander der Große als 23jähriger auch in die heilige Stadt Ephesos. Er wollte sich einreihen in die Schar der großen Männer, die der Göttin huldigten und für sie bezahlten. Doch die klugen Epheser lehnten ab. Einem Gott, so sagten sie, gezieme es nicht, einer anderen Gottheit einen Tempel zu bauen. Doch es gab andere, von niedrigerem Geblüt, denen es gestattet war, das Heiligtum wiederaufzubauen. Bis schließlich 260 nach Christus die Goten das Artemision endgültig zerstörten. Zu dieser Zeit allerdings war die Verehrung der

Artemis längst vom Marienkult des Christentums
abgelöst worden. – Vom Artemision, dem größten Bau der hellenistischen Welt, ist weniger geblieben als nichts: Ein paar wahllos aufein-
andergefügte Säulentrommeln, die mit dem Fuß
in sumpfigem Wasser stehen. Das respektlos ni-
stende Storchenpaar obenauf mit seinen nimmer-
satten Kindern – vielleicht hat es eine Botschaft
für uns: daß trotz der Vergänglichkeit alles Irdischen die göttliche Kraft hier weiterwirkt, diese
weibliche Kraft, aus der immer wieder neues Leben entsteht. Ephesos hat in seiner 3000jährigen
Geschichte ausschließlich dem Mutterkult, der
Verehrung des Geburtswunders gedient. Und
das ist es, was wir auch heute noch spüren können.

War es Zufall, Fügung oder ein ganz logischer
Folgeablauf, daß ausgerechnet in Ephesos, wo
immer schon das Weibliche als göttlich verehrt
wurde, im Jahr 431 nach Christus das berühmte
Dritte Ökumenische Konzil stattfand, in dem Ma-       **Das Dritte**
ria zur Gottesmutter erklärt wurde? Es war eine      **Ökumenische**
der ersten großen Entscheidungen der neuen           **Konzil**
christlichen Ära, und sie wäre nicht denkbar gewesen, wenn nicht gerade in Ephesos diese jahr-
hundertealte Tradition des Artemiskultes bestan-
den hätte, diese ununterbrochene Verehrung einer kleinasiatischen Muttergöttin.

Doch wir wollen der Geschichte nicht vorgrei-
fen und entdecken beim genauen Hinschauen einen zweiten seltsamen Zufall: Fisch und Eber
waren die vom Orakel bestimmten Zeichen, auf
denen sich Ephesos begründet hatte. Elfhundert
Jahre später – zur Zeitenwende also – spielte das
Fischesymbol noch einmal eine große Rolle.
Ephesos war damals fraglos ein Zentrum der Magie. Die Anhänger der orgiastischen Gottheiten

Artemis, Isis, Kybele und Dionysos steigerten sich
in rauschähnliche Zustände. Der Drogenkonsum
wuchs ins Unermeßliche, und die Devotionalien-
industrie machte erstaunliche Umsätze. Da hinein
platzte der fanatische Apostel Paulus und verkündete mit flammenden Worten die neue Lehre
Christi: ».... da er die Hände auf sie legte, kam der
Heilige Geist auf sie, und sie redeten mit Zungen
und weissagten.« Es ist nicht weiter erstaunlich,
daß Paulus in dieser Situation schnell eine große
Anhängerschar fand. – Mit der Verbreitung der
christlichen Lehre hielt ein zweites Mal der Fisch
als symbolträchtiges Zeichen seinen Einzug in
Ephesos. Erinnern wir uns: Der Fisch wurde vom
Christentum als eines seiner wichtigsten Symbole
erwählt, weil die Buchstaben des griechischen
Wortes für Fisch »ichthys« die Anfangsbuchsta-
ben des Ausdruckes »Jesus Christus theu hyios
soter« – »Jesus Christus, Sohn Gottes, Erlöser« –
enthielten.

**Apostel Paulus**     Ephesos wuchs rasch zur ältesten und ehrwür-
digsten Christengemeinde der Alten Welt. Paulus
predigte oft in der Hauptstadt der römischen Provinz Asia. Hier verfaßte er auch seinen ersten
Korintherbrief, und später aus der Gefangen-
schaft in Rom schrieb er dann den berühmten
Brief an die Epheser. Doch schon vor Paulus existierte in Ephesos eine Urchristengemeinde. Und
alles deutet darauf hin, daß sie vom Apostel Johannes gegründet wurde. – Nach der Kreuzigung
ihres Meisters verließen die verfolgten Jünger
Christi Jerusalem und teilten die damals bekannte
Welt in Missionsgebiete auf, um dort das Evangelium zu lehren. Johannes bekam Kleinasien als
Wirkungsstätte. Eigens für die sieben christlichen
Gemeinden Kleinasiens schrieb er die sogenannte
»Johannesapokalypse«.   Dieses   verwirrende

Buch, voll von fremdartigen Bildern und einer komplexen Symbolik, hat fast 2000 Jahre lang unzählige Dichter und Maler zu großen Werken inspiriert. Eines der bekanntesten ist die »Vier apokalyptischen Reiter« von Albrecht Dürer.

Schon lange bevor man das Ausgrabungsgebiet von Ephesos und den kleinen Ort Selcuk erreicht hat, ragt weithin sichtbar aus der Ebene des Mäandertals der Ayasoluk-Hügel auf. Die mächtige Zitadelle, einst byzantinisch, später seldschukisch, wirft im Abendlicht lange Schatten auf die unterhalb liegende Isa-Bay-Moschee. Im Hof der Festung liegt ein ungeordneter Steinhaufen, der nur mühsam als Rest einer byzantinischen Kirche zu erkennen ist. An dieser Stelle, so erzählt der Fremdenführer, hat Johannes sein Evangelium geschrieben. Am Ostrand des Hügels dann sehr viel eindrucksvoller die Johannes-Basilika, Reste jenes Prachtbaus, den Kaiser Justinian Mitte des 6. Jahrhunderts errichten ließ. Dort wo einst das Refugium der Großen Erdenmutter war und in christlichen Zeiten ein Altar stand, ruht im nackten Boden heute eine riesige Marmorplatte. Darin eingemeißelt ein schlichtes Kreuz. Es ist der Platz, an dem der Evangelist Johannes begraben sein soll.

**Das Evangelium des Johannes ...**

**... und sein Grab**

Immer länger werden die Schatten der Sonne. Die letzten Touristen verlassen das Ausgrabungsgelände auf dem Ayasoluk-Hügel. Heilend und warm legt sich das Abendlicht auf die tiefen Wunden, die die 3000jährige Geschichte in die Schwemmlandschaft zu meinen Füßen geschlagen hat. Das alles hier ist uralter Kulturboden, vollgesogen vom Blut der Märtyrer vieler Religionen, durchwirkt von den Mythen vieler Zivilisationen. Dort, weit unten in der Mulde, ragen wie abgebrochene Zahnstümpfe die Reste des griechisch-römischen Ephesos auf. Und dahinter der abgerundete Hügel, in dessen Erdinneres sich die Christen vor ihren Verfolgern flüchteten. Sieben Jünglinge sollen es gewesen sein, die sich Mitte des 3. Jahrhunderts in einer Grotte versteckten und in tiefen Schlaf fielen. Als sie aufwachten und in die Stadt gingen, um mit den paar Geldstücken in der Tasche Lebensmittel zu kaufen, merkten sie, daß sie 209 Jahre geschlafen hatten. Das Christentum hatte sich mittlerweile im römischen Reich verbreitet, und Kaiser Theodosius, der von den »Langschläfern« erfuhr, nahm sie als Beweis dafür, daß die Seele nach dem Tod weiterlebt.

**Die Grotte der Siebenschläfer** Die Grotte der Siebenschläfer gibt es immer noch. Und man hat in den zwanziger Jahren bei Ausgrabungen nahe der Grotte die Reste einer frühchristlichen Kirche entdeckt und katakombenartige Kammern mit Hunderten von Gräbern! Zwischen dem 5. und 15. Jahrhundert besuchten offensichtlich unzählige Pilger die Höhle, in ihrer Nähe ließen sie sich bestatten.

Vom Südeingang der Ausgrabungsstätte des hellenistisch-römischen Ephesos windet sich eine moderne Straße den Bergen entgegen. Sie schmiegt sich in Krümmungen an den Fuß des Bübül-Dagi – des Nachtigallenberges. Von hier erblickt man die altersschwachen, vom Zahn der Zeit zerfressenen Mauern und Türme, die im 4. Jahrhundert errichtet wurden, um Ephesos zu verteidigen. Fanfarenstöße der Geschichte. Doch sie haben nichts mit dem legendenumwobenen Platz weit oben auf dem Hügel zu tun. Ein Schild weist nach Mereyem Ana – zum »Haus der Jungfrau Maria«. Hier, so glauben viele, verbrachte die Mutter Jesu ihre letzten Lebensjahre, und hier starb sie auch.

Obwohl das kleine, schlichte Steinhaus im

Schatten der riesigen Platane ständig von Pilgerscharen aus aller Welt umlagert ist, herrscht heilige Stille. Die Schilder mit der Bitte, keinen **Das Haus der**
unziemlichen Lärm zu machen, scheinen recht **Jungfrau Maria**
überflüssig. Denn in der Welt des Islam gilt Jesus
zwar nicht als Gottes Sohn, doch immerhin als
Prophet, und man hat seine Mutter zu respektie-
ren. Da ist also dieses Haus, innen so ergreifend
einfach wie außen. Ein kleiner Altar mit brennenden Kerzen, dahinter im mystischen Halbdunkel
die Marienstatue. Blumen, Votivgaben, wegge-
worfene Krücken – Dankesbezeugungen von Pilgern, die glauben, im Hause der Mutter Maria
geheilt worden zu sein. Wie verletzlich der Glaube sein kann und wie wacklig das Fundament, auf
dem er steht, zeigt gerade das Marienhaus auf
dem Nachtigallenberg. Denn es gibt noch zwei
andere Plätze im Mittelmeerraum, die die Jungfrau Maria für sich beanspruchen. Der eine ist die
Dormitio-Kirche auf dem Zionsberg in Jerusalem,
erbaut an jenem Punkt, wo Maria mit 63 Jahren
gestorben sein soll. Der andere ist Loreto in Italien. Marias Haus, erzählt die Legende, sei dort
gelandet, nachdem es die ganze Strecke von Nazareth geflogen kam.

Gelehrte bezweifeln nach wie vor diese »Echt-
heitsansprüche«. Und auch die Bibel bietet keinen
Anhaltspunkt für eine Lösung der geographi-
schen Frage, wo Maria starb. Über ihr Leben nach
dem Tode Jesu schweigen die Texte sich aus. Alles
was wir hören, ist, daß Jesus am Kreuz seine
Mutter dem Lieblingsjünger anvertraute: ». . . und
von dieser Stunde an nahm der Jünger sie bei sich
auf . . .« So ist es durchaus möglich, daß Johannes
Maria mit nach Ephesos nahm, wo sie oben auf
dem Nachtigallenberg ihre letzten Jahre verbrachte. Ein weiterer Hinweis, daß Maria hier

tatsächlich gelebt hat, ergibt sich daraus, daß 431
nach Christus das Dritte Ökumenische Konzil in
einer ausdrücklich als Marienkirche bezeichneten
Basilika in Ephesos tagte. Und gerade das Konzil
von Ephesos proklamierte das Dogma, Maria sei
»Gottesmutter«.

Selbst als der Islam das Christentum längst aus
der Türkei verdrängt hatte, blieb diese traditions-
reiche Stätte erhalten. Und jedes Jahr pilgern am
15. August, dem Tag, der in katholischen Ländern
als »Mariä Himmelfahrt« gefeiert wird, Scharen
zum Nachtigallenberg und zum Sterbehaus Marias. Jahrhundertelang freilich fand man weder
die Spuren eines Grabes noch eines Hauses, und
die Wallfahrer pilgerten zu keinem bestimmten
Punkt. Dies änderte sich im 19. Jahrhundert. Die
stigmatisierte Nonne Anna Katharina Emmerich
(1774–1824) aus dem westfälischen Dülmen hatte
ein Buch geschrieben mit dem Titel »Das Leben
der heiligen Jungfrau Maria«. Darin schilderte sie,
obwohl sie nachweislich nie dort gewesen sein

*Das Sterbehaus der
Muttergottes in
Ephesos*

konnte, die Lage und das Aussehen der Wohn-
und Sterbestätte Marias. Mitte des 19. Jahrhunderts wurden ihre Aufzeichnungen veröffent-
licht. 1891 dann entdeckten Lazaristen aus
Smyrna, die sich genau an die mysteriösen Angaben der deutschen Nonne hielten, die vergessenen Ruinen einer uralten Kirche aus dem 6.
Jahrhundert, die auf Fundamenten eines Hauses
aus dem ersten Jahrhundert unserer Zeitrechnung errichtet war. Wesentliche neue archäologische Erkenntnisse hat es seitdem nicht mehr
gegeben, doch haben die Besuche von Papst Paul
VI. im Jahr 1967 und von Papst Johannes Paul II.
im November 1979 den Ruf des Marienwall-
fahrtsortes wesentlich gefestigt.

Hier also stehen wir vor Marias Haus, das in
seiner Schlichtheit anrührt und so ganz zu der
Bescheidenheit paßt, die die Mutter von Jesus
verkörperte. Dieser Ort inmitten alter knorriger
Olivenbäume ist ganz durchdrungen von Rein-
heit und Weiblichkeit. Ein Ort, dessen Atmosphä-         **Ort von Reinheit**
re jeden unwillkürlich gefangennimmt. Ein            **und Weiblichkeit**
verzauberter Platz, den man sich gern als letzte
Wohnstätte Marias vorstellt. Da steht sie in
schwarzen Stein gehauen in ihrer kleinen Kapelle,
sanft lächelnd mit weit geöffneten Armen. Wer
fragt noch, ob die Stelle, an der sie verehrt wird,
authentisch ist oder nicht. Maria gehört nach
Ephesos. Denn hier vollzog sich über Jahrtausende die Metamorphose von der uralten Göttermutter zur Muttergottes. Kybele, Isis, Artemis, Diana,
Maria – das ewig Weibliche hat viele Namen und
noch mehr Erscheinungsformen.

# Didyma – Wo sich große Staatsmänner weissagen ließen

Stumm blickt die schreckliche Gorgo durch die Jahrhunderte. Ihr abgeschlagenes Haupt wächst zwischen zwei mächtigen Säulenwülsten empor. Vernichtend und gleichzeitig hilfesuchend starrt sie mich an. Ich möchte auf sie zugehen, ihr über die sorgfältig ondulierten Locken streichen. Doch Vorsicht, wer der Medusa ins Gesicht schaut, der wird wahnsinnig oder in Stein verwandelt, heißt es. Für einen Augenblick habe ich vergessen, daß dies längst mythische Vergangenheit ist. Und daß Perseus, ausgerüstet mit dem Schwert der Götter, einer Tarnkappe und den Flügelsandalen der Nymphen, in das Land der Gorgonen zog, wo er das Ungeheuer Medusa enthauptete.

*Das Haupt der Medusa*

Die Darstellungen der schrecklichen Gorgo sind mir an vielen Plätzen in der Türkei begegnet. Sie sind wie eine in Stein gemeißelte Beschwörungsformel, sollen alles Üble von heiligen Plätzen abhalten. Wie hier in Didyma, der berühmtesten griechischen Orakelstätte in Kleinasien. Ein göttliches Liebesnest soll sie einst gewesen sein, der Ort, an dem Zeus mit seiner Geliebten Leto das Zwillingspaar Apollo und Artemis zeugte. Und als orgiastisches Zeichen ihrer Vereinigung hinterließen sie eine heilige Quelle und einen Lorbeerbaum. Längst bevor sich im 11. Jahr-

*Die mythische Gorgo
Medusa*

hundert vor Christus griechische Siedler im nahen Milet niederließen, war Didyma Orakelstätte und Heiligtum der Karer. Ein junger Hirte namens Branchos weissagte hier. Von ihm leiten sich die Branchiden ab, jene einflußreiche Priesterkaste, die 1500 Jahre lang das Orakel am Leben erhielt. Doch nicht sie waren die eigentlichen Medien, sondern die Pythien, Apollons weissagende Jungfrauen. Ihr Name rührt von der Pythonschlange her und ist verbunden mit dem Grün-

dungsmythos von Delphi. Phoibos, der strahlende Apollon von Delphi, der Gott des Lichtes,
mußte die dunkle Macht der Erde, die Pythonschlange, töten, bevor er die bedeutendste Orakelstätte Griechenlands gründen konnte. Nach
dem Ungeheuer Python hießen von nun an die
Wettspiele, die alle vier Jahre abgehalten wurden.
Aus den Pythischen Wettkämpfen entwickelten
sich später die Olympischen Spiele. Und die Worte der Pythien, die Apollons Rat verkündeten,
wurden »pythische Sprüche« genannt.

Apollon, der ursprünglich kein griechischer
Gott, sondern kleinasiatischer Herkunft war,
herrschte in Didyma wohl schon als Orakelgott,
bevor die Griechen kamen. Als die Ionier die
einheimischen Karer unterwarfen, übernahmen
sie auch die Orakelstätte in eigener Regie. Unweit
des Heiligtums gründeten sie Milet, jene Stadt,
die mit dem Beinamen »Königin der Ägäis« in die
Geschichte einging. Milet, die Metropole des Io-   **Milet – Königin**
nischen Bundes, war wohlhabend und einfluß-     **der Ägäis**
reich und ein blühendes Zentrum von Kunst,
Wissenschaft und Kultur. Daß es als Mutterstadt
der abendländischen Zivilisation bezeichnet
wird, ist so abwegig nicht. Das Alphabet zum
Beispiel ist von Phönizien über Milet nach Athen
und zu uns gelangt. Thales, Anaximander und
Anaximenes waren berühmte Söhne dieser Stadt.
Thales, dem die Einführung der Mathematik und
Philosophie im gesamtgriechischen Raum zuge-
sprochen wird, der in Ägypten die Höhe der Pyramiden aus der Länge ihres Schattens errechnete
und der das Wasser als den Urgrund allen Lebens
bezeichnete. Oder Anaximander, der sich mit der
Ursache allen Seins beschäftigte. Und Anaximenes, dessen mythische Erklärung der Welt, die
nur durch das »Pneuma« – also Luft, Geist oder

Gott – zusammengehalten werde, bis auf den heutigen Tag nichts von ihrer Bedeutung eingebüßt hat. Einem gewissen Kadmos aus Milet werden die ersten historischen Aufzeichnungen in Prosa zugeschrieben, Timotheus war ein bekannter Dichter und Musiker. Hekataios hat hier um 500 vor Christus die erste geographische Weltkarte der damals bekannten Kontinente gezeichnet. Und auch Hippodamos, der berühmteste Städtebauer der Antike, stammte aus Milet. Verwirrende Trümmer, von Staub, Schlamm und Tamarisken überwuchert, ein einigermaßen imponierendes römisches Theater, das sind die Reste des schönen, einflußreichen Milet. Seine Ruinen bekommen erst ein wenig Glanz, wenn man Milets kulturelle Bedeutung für die Entwicklung des abendländischen Geistes etwas »mitstrahlen« läßt.

Wie anders ist da doch Didyma. Imposant ragen die Mauern und Säulen einer der größten Tempelanlagen der Welt an der südwestlichen Ägäisküste auf. Didyma war ja nie eine Siedlung, sondern von Milet aus verwaltete Orakelstätte. Und so waren ganz zwangsläufig die Geschicke beider Orte eng miteinander verknüpft. Kurz nachdem die ionischen Griechen Milet gegründet hatten, bauten sie über der heiligen Quelle und einer Erdspalte, der schweflige Dämpfe entstiegen, einen herrlichen Tempel und weihten ihn ihrem Apollo Philesios. Unter der Herrschaft der Branchidenpriester wurde das Orakel von Didyma bald so berühmt, daß es in Konkurrenz zu Delphi trat. Zu den vielen Ratsuchenden, die das Orakel befragten, gehörte auch der Lyderkönig Krösus (Kroisos), der zwischen 560 und 546 vor Christus im kleinasiatischen Sardes regierte. Er, einer der reichsten Männer, die je gelebt haben,

*Milets
Orakelstätte*

*Rechts:
Der Apollon-Tempel
in Didyma – die berühmteste Orakelstätte Kleinasiens*

traf keine Entscheidung, ohne irgendein Orakel
befragt zu haben. Didyma lag praktischerweise
ganz in seiner Nähe, und so machte er regen
Gebrauch davon. Was wiederum dem Ansehen
und auch der Kasse der Orakelstätte sehr zugute
kam.

**König Krösus**    Auch für Krösus, dem nachgesagt wurde, er
habe das Geld erfunden, galt der alte Spruch, daß
Geld allein nicht glücklich macht. Sein erstgebo-
rener Sohn war ein Krüppel, den zweiten hatte
sein eigener Leibwächter bei einer Jagd versehentlich getötet, und nun machte sich der König
angesichts der Bedrohung durch die Perser Sor-
gen um seine Zukunft. Ein Orakel mußte befragt
werden. Aber welches? Didyma war nah, aber
war es auch zuverlässig? Delphi war das berühmteste, aber konnte er ihm wirklich vertrauen? Der
schlaue Krösus entschied sich für einen Test-
durchlauf. Er schickte seine Gesandten zu allen
bekannten Orakelstätten der antiken Welt: nach
Delphi, Didyma, Abai, Dodona, Lebadeia, zum
Aphiareion und in die Oase Siwa zum Amun-
Orakel. Was er am hundertsten Tag nach seiner
Fragestellung machen werde, wollte er von den
Orakelpriesterinnen wissen. Nun – was wird ein
König wohl machen? Regieren, ausreiten, schwel-
gen . . . Doch all diese Antworten waren falsch.
Die einzig richtige kam von Delphi, und sie klang
seltsam genug: »Weiß ich doch der Sandkörner
Zahl und die Masse des Meeres, selbst den Stum-
men vernehm' ich, und den Nichtsprechenden
hör' ich, Duft von Schildkröten ward mir bewußt,
dem gepanzerten Tiere. Die in ehernem Kessel
gekocht wird, und Stücke vom Lammfleisch. Erz
ist darunter gelegt, und Erz wird ruh'n auf dem
Kessel.« Krösus war außer sich vor Begeisterung,
denn just an diesem Tage hatte er seiner Leiden-

schaft als Koch gefrönt und ein höchst ungewöhn-
liches Gericht, eine Art Gulasch aus Schildkröten-
und Lammfleisch gekocht. Zu Ehren des allwis-
senden Orakelgottes gab er ein riesiges Fest, und
Delphis Schatztruhen füllten sich um ein Wesent-
liches.

Das alles hat uns Herodot hinterlassen, und **Herodot als**
man könnte so seine Zweifel haben an dem Wahr- **Geschichts-**
heitsgehalt dieser Geschichte. Doch 1940 stießen **schreiber?**
Straßenarbeiter bei der Instandsetzung eines We-
ges in Delphi auf eine Marmorplatte. Sie wuchte-
ten sie weg und legten darunter eine Grube frei,
die angefüllt war mit Gold, Silber und Elfenbein.
Der Schatz glich haargenau dem von Herodot
geschilderten. So können wir davon ausgehen,
daß auch die Fortsetzung der Geschichte stimmt.
Denn Krösus hatte ja eine viel wichtigere, für sein
Reich lebensentscheidende Frage: »Sollte er es
wagen, gegen die Perser, die jenseits des Grenz-
flusses Halys lagen, zu ziehen?« Die zweideutige
Antwort der delphischen Pythia ist in unseren
Lateinbüchern unsterblich geworden: »Wenn du
den Halys überschreitest, wirst du ein großes
Reich zerstören.« Dummerweise hatte Krösus
vergessen nachzufragen, welches Reich er zerstören würde. Und blind in seiner Orakelgläubigkeit
überschritt er den Fluß. Doch statt des Perserrei-
ches zerstörte der lydische König sein eigenes.
Warum in die Ferne schweifen...? Vielleicht hätte
Krösus doch besser das Orakel des nahe gelegenen Didyma befragt. Und vielleicht wäre dem
Heiligtum dann auch die Zerstörung und Plün-
derung durch die Perser erspart geblieben. Aus
Angst vor den Eroberern lieferten die treulosen
Branchiden dem persischen Großkönig Darius I.
die gesamten Tempelschätze aus, darunter auch
die Kultstatue des Apollon.

Bis zum Auftauchen von Alexander dem Großen blieb das Orakel von Didyma stumm. Dann
aber verkündete es wie ein Paukenschlag, Alexander, der Makedonierkönig, sei ein Sohn des
Göttervaters Zeus, und von ihm beschützt, werde
er die Perser in der Schlacht von Gaugamela be-
siegen. Alexander besiegte sie, und seine reichen
Geschenke waren der Grundstock für den Wiederaufbau des Didymaions. Die großen Baumeister Paionios und Daphnis wurden von Ephesos
und Milet abberufen. Ihre Namen waren Gewähr,
daß sich der neue Tempel würdig in die Reihe der
hellenistischen Prunkbauten einreihen würde.
Und in der Tat, es wurde ein gigantisches, herrli-
ches Bauwerk, das drittgrößte Heiligtum der hellenistischen Welt. Nur der Artemis-Tempel in
Ephesos und der Hera-Tempel auf Samos waren
**Wiederaufbau** größer. Nach 600jähriger Bauzeit war das Didy-
**durch Alexander** maion immer noch nicht vollendet. Was nicht
verwundert, wenn man bedenkt, daß die Kosten
für eine einzige der 122 Tempelsäulen sich auf
umgerechnet fünf Millionen Mark beliefen. Die
Bauweise entsprach der von ägyptischen Pyramiden. Trommel um Trommel – jede einzelne hatte
einen Durchmesser von zweieinhalb Metern und
drei Tonnen Gewicht – wurde auf einer Kiesram-
pe zum Standort hinaufgezogen und dort veran-
kert. Später wurden die Rampen an den mehr als
zwanzig Meter hohen Säulen wieder abgetragen.

Zwar wurde der Tempel wegen seiner gigantischen Ausmaße niemals endgültig fertiggestellt,
aber Didymas Ruf ging in die Welt hinaus und
überflügelte zeitweise sogar Delphi. Julius Cäsar
dehnte das uralte Asylrecht des Orakelheiligtums
auf zwei Meilen aus. Die römischen Kaiser Cali-
gula, Trajan und Hadrian förderten den weiteren
Ausbau des Apollon-Tempels. Trajan war es wohl

auch, der Milet und Didyma durch eine »Heilige Straße« verbinden ließ. Das letzte Wegstück zum sechs Kilometer entfernten Hafen war wie die ägyptischen Tempel- und Sphinxalleen zu beiden Seiten mit Löwenskulpturen, Sphingen und Sitzstatuen geschmückt.

Trotz der zunehmenden Kritik der erwachenden Naturwissenschaft und der im zweiten Jahrhundert vor Christus aufkommenden Astrologie bewahrte das Orakel von Didyma unbeirrt sein Prestige. Doch gegen das Christentum mit seinem totalen Anspruch auf die Wahrheit kamen die prophetischen Inspirationen der Pythien nicht mehr an. Das Edikt des Kaisers Theodosius aus dem Jahr 385 verkündete unter Androhung schwerster Strafen, daß »kein Sterblicher die Un- **Verbote** verschämtheit besitzen dürfe, eitle Hoffnungen zu unterstützen durch Eingeweideschau, oder, was noch schlimmer ist, die Zukunft zu erkunden durch die abscheuliche Befragung von Orakeln«.

Im vierten nachchristlichen Jahrhundert wollte der byzantinische Kaiser Julian Apostata die alte klassische Welt noch einmal wiederbeleben. Christentum hin, Christentum her, für ihn zählte immer noch das Orakel. Und so schickte er einen Boten nach Delphi. Apollon sandte ihm durch eine weissagende Jungfrau die Antwort: »Saget dem Herrscher, zerstört liegt die kunstgesegnete Stätte, Phoibos besitzt kein Dach mehr und keinen prophetischen Lorbeer; still ist der sprechende Quell, still das murmelnde Wasser.« Das Orakel hatte damit seinen eigenen Untergang prophezeit und schwieg fortan. Auch Didyma ist für immer verstummt, die heilige Quelle ist längst versiegt. Und die geheimnisvolle Erdspalte, aus der Dämpfe aufstiegen, die die Pythien in andere Wahrnehmungszustände versetzten, hat es vielleicht niemals gegeben. Aber da ist das Heiligtum des Apollon, dieser großartige, gewaltige Tempel, der noch etwas von der prophetischen Kraft dieses Ortes über die Zeit herübergerettet hat.

Ich war in Delphi, und die dramatische Szenerie der Landschaft rund um die Orakelstätte nahm mich tief gefangen. Das antike Dodona, wo Zeus durch die heiligen Priesterinnen sprach, hat mich durch seine Anmut verzaubert. Schreckliche Beklemmung überfiel mich in dem unterirdischen Labyrinth von Ephyra, das dem Totenorakel geweiht ist. Aber keiner der Orte hat in mir einen so nachhaltigen Eindruck hinterlassen wie Didyma. Die spektakulären Ausmaße des Tempels, die hoch aufragenden Säulen, die wuchtigen Mauern und Treppenfluchten, das alles ist zweifellos faszinierend. Aber da ist noch etwas anderes, das mich zugleich anzieht und abstößt. Es scheint so, als ob zwei machtvolle Kräfte miteinander ringen und immer noch nicht klar ist, wer den Sieg davonträgt: die wahrhaftige, göttliche oder die niederträchtige, berechnende. Genau diese beiden Kräfte haben wohl auch die Jahrtausende über in Didyma und anderen Orakelstätten gewirkt. Einem Gott und seinen Weisungen sollten sie ausschließlich dienen, oft wurden sie zum Zentrum religiöser und politischer Machenschaften.

**Alte Schriften –
spannend wie
Politthriller**

Alte Schriften und historische Werke lesen sich mitunter wie moderne Politthriller. Die mächtigen Orakel-Priester verfügten in der Antike bereits über so ausgeklügelte Spionagenetze wie heute die Geheimdienste der Großmächte. Zum einen waren ihre Informanten eingesetzte Agenten, zum anderen aber auch all diejenigen, die kamen, um das Orakel zu befragen. In ihrer Notlage plauderten die Ratsuchenden bereitwillig alles aus, was sie unter normalen Umständen kaum

preisgegeben hätten. So konnten die Priester
leicht mit an den politischen Drähten ziehen. Ihre
oft zweideutigen Aussagen hatten einen enormen
Einfluß auf Krieg und Frieden in der mediterra-
nen Welt. Der orakelgläubige König Krösus ist ein
beredtes Beispiel für Macht und Ohnmacht, für
Wahrheit und Betrug, die von den Orakelstätten
der Antike ausgingen. Daß vor den Göttern alle
Menschen gleich sind, davon hielten die Priester
offensichtlich auch nicht sehr viel. Arme Schluk-
ker bekamen von ihnen ein Billig-Orakel. Der
Ratsuchende durfte nur eine »Entweder-oder-     **Das Geheimnis**
Frage« stellen, und die Pythia antwortete, indem   **der Pythia**
sie aus einer Schale eine schwarze oder weiße
Bohne zog. Für prominente Kunden wurde die
weissagende Priesterin in einen Dämmerzustand
versetzt. Plutarch nennt ihn Verzückung, Platon
spricht von Raserei, Cicero von Wahnsinn. Vielleicht spielte Hypnose eine Rolle, oder auch Au-
tosuggestion. Von Plutarch, der im ersten
Jahrhundert nach der Zeitenwende Oberpriester
in Delphi war, wissen wir, daß eine der Pythien
verrückt wurde, eine andere starb im Wahn. Sie
waren nichts weiter als willenlose Werkzeuge, so
scheint es. Denn die Aussagen der Medien gingen
erst noch durch die Zensur der Priester. Sie inter-
pretierten die Orakel, so wie es ihnen gerade am
besten ins politische und finanzielle Geschehen
paßte. – Als ich Didyma verlasse, komme ich noch
einmal an dem abgeschlagenen Haupt der Medusa vorbei. Und plötzlich kann ich ihren vernich-
tenden und gleichzeitig hilfesuchenden Blick
verstehen.

# Aphrodisias und ein Baumwollschloß namens Pamukkale

Gräber, so weit das Auge reicht. Nicht mit Kreuzen und Blumen geschmückt und sorgsam gepflegt, sondern ein verwildertes, unübersehbares Meer von Sarkophagen. Es sieht aus, als habe ein zorniger Gott sie quer über dem Abhang der erdbraunen Hochebene Kleinasiens ausgeschüttet. 1186, 1187, 1188 ... bei 1200 höre ich auf zu zählen. Seit mehr als zwei Stunden stolpere ich über diesen seltsamen Friedhof, der sich über zwei Kilometer beiderseits der ehemaligen Landstraße nach Ephesos ausbreitet. Hellenistische Tumuli, römische Sarkophage, Grabhäuser, kleine Grabtempel, frühchristliche Grabanlagen – eine graue Armee von Sarkophagen. Aus der Tiefe dieser erdbebengebeutelten und ausgeplünderten Sarkophage erheben sich plötzlich Stimmen, und die Inschriften beginnen zu reden. Sie erzählen von dem Widersinn, daß ausgerechnet an dem Ort, der Leben, Heilung und Schönheit verkörpert, die größte antike Totenstadt Kleinasiens liegt.

Eine graue Armee von Sarkophagen

Gestern, als ich aus der Cürüksu-Ebene nach Denizli hinauffuhr, sprang diese Schönheit mich ganz unvermittelt an. Eine Landschaft, unwirklich wie ein Feenreich, türmte sich vor mir auf. Eine Watteburg, ein unendlich breiter schneeweißer Wasserfall, in der Sonne gleißende Sinterterrassen, eine einmalige, märchenhafte Welt. Viele Superlative sind schon benutzt worden, um das Naturwunder von Pamukkale zu beschreiben. Die Türken selbst haben wohl den passendsten Namen gefunden: Baumwollschloß. Bei schräg einfallendem Licht erhalten die Kalk-Kaskaden, schwebend wie riesige Stapel übereinandergestülpter Baumwollballen, etwas Wattig-Leichtes. Blickt man von oben hinunter, so fällt ein quirlendes Kreisen von größeren und kleineren Wasserbassins den etwa hundert Meter tiefen Steilhang hinab. Von unten sehen die natürlichen Badewannen wie kreidig-weiße Untertassen aus, von einem Riesen in die Felsflanke eingefügt.

Wie diese Laune der Natur entstanden ist? Jahrtausende hat es gedauert, bis kalziumkarbonathaltige Thermalquellen hier Kalksinterterrassen geformt haben, von Stalaktiten umrahmte Bassins, die nicht nur einen zauberhaften Anblick bieten, sondern auch heilkräftige Badewannen sind.

**Wie Frau Holle beim Bettenausschütteln ...**

Barfuß klettere ich den glitzernden Abhang hinauf. Glutroter Oleander rahmt die wie Wattebäusche herabfallenden Kaskaden ein. Immer wieder werde ich von neuen, bizarren Formen überrascht. Orgeln scheinen das zu sein, Köpfe mit großen Ohren und zu langen Nasen, Frau Holle beim Bettenausschütteln, alle möglichen Phantasie- und Fabelwesen. Umspült von 33 Grad warmem Wasser aale ich mich in den weichen Kalkbecken. Am schönsten läßt es sich im Swimmingpool des kleinen Motels bei der heiligen Quelle baden, von Kohlensäure umperlt, inmitten antiker Säulen, die einst zu einem monumentalen Nymphäum gehörten. Um mich herum wird die Vergangenheit lebendig. Die Zeit läuft 2100 Jahre zurück, als Pamukkale noch Hie-

rapolis hieß und weithin bekannt war als das
Nobelbad der Römer.

Lange bevor sich die Römer hier oben auf dem
drei Kilometer breiten Travertinplateau über der
Ebene des Mäandertals niederließen, waren die
kräftig sprudelnden Thermalquellen von Pamukkale bereits wegen ihrer Heilkraft bekannt. Aber
erst König Eumenes II. gründete an dieser Stelle
eine Stadt und benannte sie nach Hiera, der Gattin
des pergamenischen Helden Telephos. Hierapolis bedeutet zugleich auch »heilige Stadt«. Doch
einen Lebenswandel, der diesen Namen rechtfer-
tigen würde, sucht man in den Annalen vergebens. Das römische Hierapolis – seine Blütezeit
hatte es im 2. und 3. nachchristlichen Jahrhundert
– scheint eine ausgesprochen lebensfrohe, weltliche Stadt gewesen zu sein. Eine Geschäfts- und
Bäderstadt, wo sich Viehzüchter, Wollscherer,
Sklavenhändler, Spinner und Weber mit römischen Verwaltungsbeamten und kränkelnden

*Abendstimmung
über den Kalk-
sinterterrassen von
Pamukkale*

Geschäftsleuten an der Thermalquelle trafen, wo man Arbeit und Gesundheit miteinander verband. Die Baumwollproduktion in der Umgebung florierte, die Geschäfte liefen gut, Klima und Lage waren günstig, so entwickelte sich Hierapolis zu einer wohlhabenden Stadt. Ihr Ruf zog reiche Kurgäste und Händler aus ganz Kleinasien an. Viele, die nur hierher kamen, um sich heilen zu lassen, blieben dann den Rest ihrer Tage. Damit haben wir den Schlüssel gefunden, die Erklärung, warum ausgerechnet inmitten prallen Lebens und märchenhafter Schönheit der Tod seine knöchernen Finger so ausgreifend und unübersehbar in das Erdreich gekrallt hat. All diese Heilsuchenden, die Aussteiger und Pensionäre der Antike, liegen drüben hinter den Ruinen von Hierapolis begraben. So zahlreich kamen und starben sie, daß die Totenstadt zur größten römischen Nekropole der Vergangenheit anwuchs.

Eine merkwürdige Diskrepanz begegnet einem hier. Das flockige Weiß dieser hingehauchten Landschaft, die bizarre Schönheit der stufenförmigen Terrassen, erstarrt und sich dennoch von Augenblick zu Augenblick verändernd. Darüber, in das Plateau eingemeißelt, die enormen Badeanlagen der Römer, Sinnbild für Gesundheit und ewiges Leben. Und im Westen die aufeinandergetürmten Sarkophage, die einsinkenden Rundgräber und die halbverschütteten Grabtempel. Sie sind über und über mit Inschriften bedeckt. Wie gut, daß man in die steinernen Särge einst die Lebensgeschichte der Toten einschrieb. Sie sind heute unser Wegweiser in die Vergangenheit von Hierapolis.

**Die Badeanlagen der Römer**

Erdbeben, Mongolen, Seldschuken – letztere waren es auch, die Hierapolis in Pamukkale verwandelten. Plündernde Banden, Pest, Kriege: Die

Städte verarmten. Ein allgemeiner Niedergang
setzte ein. Was verblieb, sind wie immer Ruinen,
die der Vorstellungskraft gerade noch genügend
Raum lassen für »Es war einmal...«: Thermen,
Brunnen, Arkadenstraße und der Apollontempel.
Am Tempelpodium liegt ein verschlossener An-
bau. Der Eingang zum Hades. Strabo, der griechische Geschichtsschreiber, erzählt uns von diesem
Heiligtum des Unterweltgottes Pluto, das schon
in sehr früher Zeit von Priestern als Orakelstätte
benutzt wurde: »Es ist eine viereckige Einzäu-
nung vor einer sehr tiefen Öffnung, in der so
starker Dunst herrschte, daß man den Boden nicht
sehen konnte. Jedes eintretende Lebewesen findet
augenblicklich den Tod. Stiere beispielsweise brachen zusammen und starben. Wir selbst ließen
kleine Vögel einfliegen, die sofort leblos herunter-
fielen. Die Priester der Kybele sind dagegen so
gefeit, daß sie bis an die Öffnung herangehen und
hineinsehen, ja selbst eintreten können, ohne den
Atem anhalten zu müssen.« – Zweifellos handelte
es sich bei den heiligen Dämpfen um Kohlendi-
oxidgas, das sich aus dem Quellwasser löste.

Neben den massiven römischen Bauresten von **Die sieben**
Hierapolis nimmt sich die byzantinische Basilika **Gemeinden**
am Osthang der Stadt recht fremdartig aus. Es ist **Asiens**
die aus dem 5. Jahrhundert stammende Gedächt-
niskirche für den Apostel Philippus, der mit seiner Tochter ins heidnische Hierapolis kam und 80
nach Christus hier den Märtyrertod starb. Das
erinnert mich daran, daß in der Ebene zu meinen
Füßen unter der heutigen Stadt Denizli die Ruinen einer anderen römischen Stadt namens Laodikeia liegen. Laodikeia gehörte zu den sieben
Christengemeinden Kleinasiens.

Welch eine bedeutende Rolle müssen die »sieben Gemeinden Asiens« in den frühen Tagen des

Christentums gespielt haben! Fast alle Namen dieser Städte haben sich geändert, und die greifbaren Spuren der frühchristlichen Kultbauten sind verschwunden. Doch noch immer kann man es ohne große Mühe einrichten, alle sieben zu besuchen. Ephesos, Sardeis, Smyrna (Izmir) und Pergamon liegen an der Westküste. Thyateira ist das heutige Akhisar, und aus Philadelphia ist das moderne Alasehir geworden. Vielleicht am interessantesten unter den weniger bekannten dieser »sieben Gemeinden« ist das antike Laodikeia. Zur Zeit des Apostels Paulus war dies ein echter »Kreuzweg der Welten«, ziemlich nahe bei Kolossai, an dessen Einwohner Paulus den Kolosserbrief schrieb. – In der Johannesapokalypse, der Offenbarung für die »sieben Gemeinden Asiens«, wird dem Verfasser von einer prophetischen Stimme geboten: »Was du schaust, schreibe in ein Buch und sende es an die sieben Gemeinden: nach Ephesos und nach Smyrna, nach Pergamon und nach Thyateira, nach Sardeis, Philadelphia und nach Laodikeia.« Die Botschaft der »Offenbarung« an die Gemeinde von Laodikeia ist so dunkel wie der größte Teil gerade dieses Buches der Bibel. Doch irgendwie scheint sie darauf hinzudeuten, daß die Erscheinung, die dem Apokalyptiker sein »Sendschreiber« diktierte, genau über die Umgebung Bescheid wußte, denn sie sprach zu Johannes: »Ich kenne deine Werke« – und so schrieb er auch an die Gemeinde von Laodikeia, »daß du weder kalt bist noch heiß. Wärest du doch kalt oder heiß!« – Die Thermalquellen von Pamukkale lassen bis heute keine Zweifel daran: Ihr Wasser ist heiß.

**Die Offenbarung des Johannes**

Der Abend senkt sich über das Baumwollschloß, umfängt die blendendweißen Kalkterrassen mit mildem Licht. Einmal noch, wie ein kurzes

Feuer, leuchten Mineralablagerungen in Gelb,
Grün und Braun auf. Ein dramatischer Akkord,
ein gewaltiger göttlicher Pinselstrich, und der
ganze Abhang ist eingetaucht in purpurrote Far-
be. Wie ein leichter Rosé-Wein perlt das Thermal-
wasser über die Kaskaden, sammelt sich in den
darunterliegenden Becken. Ein letztes Bad in diesem zu Wein gewordenen Wasser, und urplötz-
lich hüllt die Dunkelheit das Naturwunder ein.
Seit Jahrtausenden wiederholt sich dieses gran-
diose Schauspiel Abend für Abend.

Lange noch liege ich in meinem warmen Bas-
sin, dahintreibend zwischen Traum und Wirklichkeit. Der Mond hat inzwischen die Terrassen
in eine silbrigglänzende Marmorlandschaft verwandelt, und von irgendwoher dringt Gelächter
an mein Ohr. Ist der Wein, in dem ich schwimme,
Wasser oder das Wasser Wein? Dionysos, Gott
der Trunkenheit, ist es dein schamloses Gelächter,
das aus den Theaterruinen herunterdringt? Die
Geschichte von dem homerischen Gelächter fällt
mir ein, das alle Götter anstimmten, als der betro-
gene Hephaistos seine treulose Aphrodite mit     **Aphrodite und**
Ares, dem Kriegsgott, in einer eindeutigen Situa-  **Ares**
tion erwischte und durch unsichtbar geschmiede-
te Eisenbande in dieser verräterischen Position
festhielt. – Aphrodite, sinnliche, schaumgeborene
Liebesgöttin, morgen will ich hinüberfahren in
die karischen Berge und deine Stadt besuchen.

Die Geschichte, die ich jetzt erzählen möchte,
handelt von einer verschollenen Stadt aus wei-
ßem Marmor. Sie klingt genauso märchenhaft wie
die Mythen, die sich um ihre Namenspatronin
ranken. Aphrodite ist sicher eine der bezaubernd-
sten Göttinnen des Altertums. Die in der Antike
heiß verehrte Liebesgöttin stammt ursprünglich
aus dem Orient, doch die phantasiebegabten

Griechen wollten sie in ihren eigenen Götterhimmel einbauen. An den Gestaden Zyperns, wo sich sogar das Licht als durchsichtige, flimmernde Schönheit offenbart, ließen sie sie schaumgeboren dem Meer entsteigen. Wie ein Komet zieht Aphrodite seither über Zeit und Raum hinweg ihre Bahnen, zeigt als göttliches Wesen menschliche, allzumenschliche Züge. Sie, die Beschützerin der Ehe, wird selbst zur Ehebrecherin. Ist nicht gerade sie es, die uns die Hoffnung gibt, daß trotz aller Irrungen und Wirrungen der göttliche Funke auch in uns lebt?

**Schaumgeborene Aphrodite – Beschützerin der Ehe**

Seit jenem Mythos von ihrer wunderbaren Geburt hat Aphrodite ihren Namen für vieles gegeben. Kulte, Tempel, erotisierende Getränke und Weine, ja sogar eine Stadt wurden nach ihr benannt. Aphrodisias heißt sie, das Marmorwunder der Antike. Gewiß ist sie die schönste römische Stadt, die Archäologen jemals ausgegraben haben. Eine römische Stadt, ja, doch längst bevor Alexander der Große mit seinem Heer über die Mäanderebene und hinein in die karischen Berge zog und ganze Wellen von Griechen ihm folgten, gab es dort einen Ort. Chalkolithische Funde deuten auf eine Besiedlung schon im 4. Jahrtausend hin. In hethitischer Zeit taucht aus der Dunkelheit der Geschichte erstmals ein Name auf: Ninoe. Er weist uns möglicherweise auf den assyrischen König Ninos hin oder auf Nin (Ischtar), die orientalische Göttin des Kampfes und der Liebe, deren Kult die Assyrer nach Kleinasien brachten.

Wer immer diese Völker waren, die Aphrodisias im Laufe von drei Jahrtausenden besiedelten, sie hatten sich dazu ein Stück Erde von einmaliger Schönheit ausgesucht. Eine weite, liebliche Hochebene in einem Nebental des Mäander. Die blühenden Hänge steigen bis auf 2300 Meter an und

*Die Sarkophage aus den Bildhauerwerkstätten von Aphrodisias gehören zu den schönsten der Welt*

enden in dem wuchtigen schneebedeckten Schädel des Baba Dagi, des Vaterberges. Pappeln wiegen sich anmutig im Wind, und der Duft von Mandelblüten und Granatäpfeln mischt sich mit dem unbekümmerten Gezwitscher der Vögel. Quellen sprudeln über die Felsen, und in den Bächen, in denen sich das Wasser fängt, wächst in wilder Üppigkeit der Oleander. Das kleine Dorf Geyre, inmitten der heutigen Ruinenstätte von Aphrodisias, wirkt etwas verwahrlost und heruntergekommen. Die Spuren des Erdbebens Mitte der fünfziger Jahre sind noch deutlich zu sehen. Und dann Aphrodisias selbst, dieser uralte Kultort in der karischen Bergeinsamkeit. Allein der Name macht den Zauber nicht begreifbar, der über der geheimnisvollen Ruinenstätte liegt.

Das Marmorwunder der Antike – lange vergessen, endlich wiederentdeckt! Aphrodisias war eine große, eine reiche Stadt und während der römischen Kaiserzeit weithin berühmt. Eine

**Das Marmorwunder der Antike**

strahlende, schimmernde Stadt, deren weiße Marmorbauten sich vom satten Grün der Vegetation abhoben. Sie besaß ein Stadion, dazu ein Theater, den riesigen Tempel der Aphrodite und gewaltige Marmorvorkommen. Es gab keinen Marmor, der dem von Aphrodisias in der Qualität ebenbürtig gewesen wäre: weiß leuchtend der eine, blau schimmernd und fein geädert der andere. Und es gab sonst keine Bildhauer, die mit größerer Kunstfertigkeit diesem Marmor Form gaben. Im zweiten und dritten Jahrhundert unserer Zeitrechnung galten die Bildhauer der karischen Berge als die besten der Welt. Aus dem tausend Meilen entfernten Rom schickten Kaiser ihre Kuriere, um Büsten, Sarkophage, Statuen, Reliefs und Friese in Auftrag zu geben. Nach Antiochia und Caesarea zogen Händlerkarawanen, immer beladen mit den schönsten Marmor-Kunstwerken aus Aphrodisias. Nun wird auch klar, woher das Meer von Sarkophagen in der Nekropole von Hierapolis stammt. Jedes einzelne Stück wurde in den Werkstätten von Aphrodisias gefertigt. Die besten Arbeiten jedoch hoben sich die Künstler für ihre eigene Stadt auf, und in der gesamten Kulturwelt des Mittelmeerraumes machten Erzählungen von der wunderschönen weißen Stadt aus Marmor die Runde. Wegen ihrer Treue zu Rom, vor allem aber als Mittelpunkt des Aphroditekultes stand Aphrodisias unter dem besonderen Schutz von Sulla, Cäsar, Antonius und Augustus. Die vier Imperatoren bestätigten das Asylrecht des Heiligtums, und so blühte und wuchs die Stadt im Angesicht ihrer Göttin.

**Die schönsten Marmorkunstwerke der Antike**

Aber plötzlich hörte das alles auf. Irgendwann rollte die letzte marmorbestückte Karawanenladung über die Berge, wurden keine Sarkophage und Büsten mehr nach Italien gebracht. Das römi-

sche Weltreich zerfiel. Byzanz mußte dem Druck
der Seldschuken und Osmanen nachgeben. Noch
in byzantinischer Zeit wurde Aphrodisias umgewandelt in Stavropolis, in »Stadt des Kreuzes«.
Kult und Name der sinnlichen Liebesgöttin paß-
ten schlecht zur neuen christlichen Moral. Eine
Weile noch erzählten sich Menschen von einem
Wunder-Marmor hinter den karischen Bergen,
und manche Gelehrte glauben, es sei Aphrodisias
gewesen, das Leonardo da Vinci zur Schilderung
der imaginären Stadt Calindra in seinem Bericht
über die Taurus-Reise inspiriert habe.

Als das 20. Jahrhundert anbrach, war Aphrodisias nicht nur aus der Erinnerung der Menschen
gelöscht, auch die Stadt selbst schlief vergessen
unter einer Hügelflanke. Daneben duckte sich ein
armseliges Türkendorf namens Geyre. 1956 dann
geschah die entscheidende Veränderung. Ein
Erdbeben erschütterte wieder einmal die karischen Berge, zerstörte auch Geyre. Die türkischen
Behörden eilten zu Hilfe, siedelten die Bewohner
zwei Kilometer entfernt an. Neue Häuser wurden
gebaut, Kanäle gezogen. Dabei stieß man auf eine
seltsame Marmorlandschaft. Türkische Archäologen kamen, amerikanische Wissenschaftler,
polnische, italienische folgten. Aphrodisias war
gefunden worden und wurde nun systematisch
ausgegraben.

»Stellen Sie sich vor, Sie kommen in eine Stadt,
die so reich an archäologischen Schätzen ist, daß
Ihnen Skulpturen vor die Füße rollen, Marmor-
köpfe aus Wänden fallen oder dicht an dicht in
Bewässerungsgräben liegen!« So schrieb der Lei-
ter der Ausgrabungen von Aphrodisias, Kenan
Erim, in der Zeitschrift »National Geographic« im
Jahr 1967. Keine Grabung, die zur Zeit in der
Türkei im Gange ist, hat so reiche Schätze aus der

**Das Geheimnis
von Geyre**

*Aphrodisias –
das Marmorwunder
der Antike*

Antike zutage befördert, wie die in Aphrodisias.
Und jeden Tag aufs neue richten Ausgräber umgestürzte Säulen auf, rekonstruieren, fügen zusammen, ergänzen, ziehen aus dem Erdreich
Marmorbüsten und Gewandstatuen. Es ist, als ob
mit jedem Stück Aphrodite wieder zu neuem Leben erwacht. Dort, wo sie ihren Fuß hinsetzt,
blühen Blumen; dort, wo sie ihren Atem hin-
haucht, kitten sich die Risse der Gemäuer.

Aphrodisias, dieses bestürzende, faszinieren-
de Zeugnis der Vergangenheit, hat heute etwas
geradezu Traumhaftes. Ein Aufleuchten in Weiß,
das glitzernde marmorne Meer, grazile Säulen-
wälder. 14 Säulen des Aphrodite-Tempels stehen
noch aufrecht. Der römische Diktator Sulla weihte
der Kultstätte, dem delphinischen Orakel fol-
gend, eine goldene Krone und eine Doppelaxt.
Dann ist da das Stadion, gigantisch in seinen Ausmaßen, das besterhaltene der Antike. Die 22 Sitzreihen der 270 mal 54 Meter großen Kampfbahn

boten mehr als 30 000 Zuschauern Platz. In jedem
steinernen Sitzplatz sind der Beifall, die Auf-
schreie, die Begeisterung der Menschen einge-
mauert, die hier Gladiatorenkämpfe, Sportwett-
kämpfe und Wettbewerbe der schönen Künste
mitansahen.

Drüben, im Nordtor der Stadtmauer, ist noch **Die Thermen von**
eine Stiftungsinschrift zu lesen:»Für das glückli-   **Aphrodisias**
che Geschick der glänzenden Metropolis der
Aphrodiser.« Ob dies half oder die schützende
Hand, die die Liebesgöttin über ihre Patenstadt
hielt, den Aphrodisern ist es offensichtlich sehr
gutgegangen. Dafür sprechen beispielsweise die
enormen Thermen, die Kaiser Hadrian für die
Römer errichten ließ. Die liebten luxuriöse Bade-
anstalten, und gemessen an der Anzahl der Ther-
menanlagen, die sie der Nachwelt hinterließen,
müssen sie ihr halbes Leben damit verbracht haben, sich in warmem Wasser zu aalen.»Nihil novi
sub sole – Es gibt nichts Neues unter der Sonne«,
dieser Seufzer von Kaiser Diokletian vor mehr als
1600 Jahren hat auch heute nichts an Gültigkeit
verloren. Denn wer Zentralheizung als Errungen-
schaft unserer Neuzeit betrachtet, der irrt. Die
Thermen von Aphrodisias besaßen bereits vor
2000 Jahren Zentralheizung. Prasselnde Holzfeu-
er lieferten die Hitze, die unter dem Terrakotta-
Fußboden entlangstrich. Je nach Lust und Laune
konnte sich der Müßiggänger zwischen heißen,
warmen und lauen Wasserbecken entscheiden
und sein Badevergnügen am Schluß mit einem
kühnen Sprung ins eiskalte Schwimmbassin be-
enden.

Als ich durch einen kleinen Pappelhain hin-
überwandere zum Stadion, stolpere ich unvermittelt über einen marmornen Frauenkopf, der
aus dem Unkraut emporwächst. Die Nase ist ab-

gebrochen, die gewellten, nach hinten gekämmten Haare sind nur noch auf einer Seite vorhanden. Aber die Augen dieses körperlosen Wesens führen ein Eigenleben. Es ist, als wollten sie Kontakt mit mir aufnehmen. In meinem Kopf klopft und pocht es wie verrückt. Ich fühle mich magisch hineingezogen in diesen Blick, der mich so wissend und liebevoll, so nah und gleichzeitig aus einer fernen Welt anschaut. Ich kann die Botschaft nicht entschlüsseln, die mir hier zu Füßen liegt. Aber eine Ahnung von dem Gefühl durchfährt mich, das der Künstler gehabt haben muß, als er diese Augen schuf. Später, im Museum von Aphrodisias, stehe ich vor einer ganzen Reihe wunderschöner Marmorstatuen: Artemis, Apollon, Herakles, namenlose Gestalten, in Stein verewigte Bürger von Aphrodisias. Ja, und die Liebesgöttin selbst. Die Gesichtszüge, die Haartracht, sie ähneln dem Frauenkopf im Gestrüpp ganz unglaublich. Doch ihre Augen sind leer. Sie haben mir nichts zu sagen.

**Das weiße Marmor-Odeion – für Liebespaare wie geschaffen**

Irgendwann einmal, in ein paar Jahren vielleicht, will ich noch einmal nach Aphrodisias zurückkehren. Im Frühling – und mit dem Menschen meines Herzens. Mit ihm möchte ich in dem intimen, weißen Marmor-Odeion sitzen, das wie geschaffen ist für Liebespaare. Die Orchestra mit ihrem geometrischen Bodenmosaik liegt fast immer unter Wasser. So wirkt das Ganze wie ein zauberhaftes, kleines Seetheater. Im Wasser planschen Frösche, Teichpflanzen wachsen in bunter Vielfalt, und Libellen umschwärmen die von Statuen und Reliefs geschmückte Konzerthalle. – Aphrodite, Inkarnation der Schönheit, Beschützerin aller Liebenden, unfehlbar-fehlbare Göttin, hier bist du zu Hause!

# Die Geschichte vom heiligen Nikolaus und andere Legenden

Ich möchte hier keine Schimären, keine Hirngespinste verbreiten, und auch den gordischen Knoten vermag ich nicht zu lösen. Ich möchte etwas erzählen über die Kraft der Mythen, die als Seelenbilder der Menschen gelten. Jede mythische Erzählung – von Kampf und Erlösung, vom Übergang in ein neues Zeitalter, von der Weltentstehung und der Auseinandersetzung des Menschen mit den Göttern – enthält ein Stück menschlicher Seelengeschichte. Und weil sie kollektiven Wünschen und Sehnsüchten entsprechen, sind die Mythen auch so lebendig geblieben. Die Türkei ist ein Land voller Mythen und Legenden. Wer sie bereist, macht gleichzeitig auch eine Reise ins Reich der mythischen Phantasie. Im dichten Pelz der Wälder, in einer verwitterten Steininschrift, in einer Vitrine mit altersgrauen Knöchelchen leben diese Mythen und Legenden. Sie brennen wie eine Flamme und leuchten uns den Weg auf der inneren Landkarte unserer Erfahrungswelten. Selbst das Wasser der Vernunft kann sie niemals wirklich zum Erlöschen bringen.

**Türkei – Land der Mythen und Legenden**

Die rätselhafte Flamme der Chimäre (griechisch: Chimaira) ist auch so ein nie verlöschendes Feuer. In der südwestlichen Türkei, hoch oben in den lykischen Bergen, züngelt sie seit

Jahrtausenden aus einer Felsspalte. Wenn man durch das Dickicht des Waldes zu ihr hinaufsteigt und in die Stille hineinhorcht, vermeint man noch das Schnauben der feuerspeienden Chimäre zu hören, jenem Ungeheuer, das in uralten Zeiten mordend durch das Land gezogen sein soll. Mit dem Kopf eines Löwen, dem Körper eines Drachen und dem Hinterteil einer Ziege wurde die Chimäre der Sage nach geboren. Die griechische Mythologie läßt in schreckensvollen Bildern das zeitlose Gesetz der Dualität vor unseren Augen entstehen – Gut und Böse, Himmel und Hölle, Liebe und Haß, Tod und Leben. Zeus, der Göttervater, vernichtete die Giganten. Doch die Ausrottung des Bösen trug bereits die eigene Saat wieder in sich. Aus dem Schoß der Gäa wuchs ein neues Ungeheuer heran, Typhon, der feuerspeiende, schlangenförmige Riese. Typhon paarte sich mit Echidna, und das Böse inkarnierte sich in Zerberus, dem Höllenhund. Der bewachte den Eingang zur Unterwelt, ließ jeden freundlich wedelnd hinein, aber niemanden mehr heraus. Seine Schwester Chimäre trieb unterdessen ihr Unwesen über der Erde. Mit dem Erbe des Vaters versengte sie feuerspeiend alles, was gut, edel und schön war. Doch da nahte Bellerophon, Sohn des Poseidon und Bändiger des Flügelrosses Pegasus, und auf ihm reitend vernichtete er die Chimäre. Als Dank gab ihm der lykische König Iobates seine Tochter Philonoe zur Frau, und Bellerophon, im Rausch seiner Gefühle, wollte auf seinem Flügelroß himmelwärts stürmen. Ein Wahnsinniger, ein Titan, ein Mensch, der sich anmaßte, ungerufen die Nähe der Götter zu suchen. Zeus griff ein, und Pegasus warf den merkwürdigen Helden ab. Seither irrt ein verrückter Bellerophon durch die Abgeschiedenheit der lykischen Waldwildnis. Das

**Das Unwesen der Chimäre**

mörderische Feuer der Chimäre aber faucht noch immer; wenn auch auf kleiner Flamme, so doch zum Erstaunen aller Wissenschaftler durch nichts zu löschen. Vielleicht haben die Menschen seit jener Zeit begriffen, daß es kein Mittel gegen die Dämonie der Finsternis gibt und daß es nutzlos ist, sich gegen die Götter zu wehren.

Wie ein hauchfeines Spinnennetz überziehen Sagen, Mythen und Legenden die Türkei. Wer bereit ist, die gesponnenen Fäden zu entwirren, hineinzutauchen in den ungeheueren Ozean der Mythologien, wird so manchen Knoten lösen. Apropos Knoten, die Geschichte vom gordischen Knoten gehört auch in den Legendenschatz Anatoliens. In der östlichen Türkei, unweit der heutigen Stadt Ankara, lag einst das Königreich Phrygien mit seiner Hauptstadt Gordion. Der erste Gordios, so heißt es, war ein einfacher phrygischer Arbeitsmann, der eines Tages völlig ahnungslos durch das Stadttor schritt und sich zum König ausgerufen fand. Und dies, weil das Orakel als Sprachrohr eines mächtigen Gottes verkündet hatte: Wer auch immer nach einer bestimmten Stunde als erster durch das Stadttor kommen werde, der müsse Herrscher der Stadt sein. Wie benommen von seinem Glück, erwies Gordios Zeus, dem höchsten der Götter, seinen Dank. Er weihte ihm einen wunderschönen Wagen und verband Deichsel und Joch mit einem so komplizierten Knoten, daß man meinte, kein Sterblicher könne diesen Knoten jemals lösen. Hier erhob abermals das Orakel seine Stimme und verkündete: Wer diesen gordischen Knoten löse, werde Herr über ganz Asien sein. Niemand konnte es, bis Alexander der Große nach Gordion kam. Er, im Begriff, die gesamte damals bekannte Welt zu erobern, hieb den Knoten mit einem

**Die Geschichte von Gordios**

Schwertstreich einfach entzwei. Ob die Gordier
dies als Mogelei ansahen, ist nicht überliefert. Es
hätte ihnen auch nicht viel genutzt, denn Alexander hatte seine gesamte Streitmacht dabei.

**Der
sagenumwobene
Midas**
In Gordion regierte auch einst ein anderer König, der sagenumwobene Midas. Er soll einen
direkten Draht zum Götterhimmel gehabt haben,
und der Legende nach geschah es, daß einer der
Götter, wahrscheinlich der Trunkenbold Dionysos, sich bei Midas weltlicher Tafelrunde köstlich
amüsierte. In weinseliger Stimmung versprach
der Gott, dem König einen Wunsch zu erfüllen,
ganz gleich was es sei. Alles, so bat Midas, solle
zu Gold werden, was er berühre. Und alles wurde
zu Gold! Frau und Kinder, Eßgeschirr und Trink-
gefäße, Wasser, Wein und Speisen. Entsetzt flehte
der König Dionysos an, ihn wieder von dieser
»Gnade« zu befreien, die zum Fluch geworden
war. »Gehe hin und bade im Paktolos«, hieß der
Götterspruch. Seit dieser Zeit führte der Fluß von
Ufer zu Ufer Goldsand – Gold vom Bade des
Midas.

Jahrhunderte, ja vielleicht sogar Jahrtausende
später – in der Mythologie nimmt man's mit Jahreszahlen nicht so genau – partizipierte ein anderer von dem königlichen Bad. Und diese Legende
hat etwas zu tun mit dem Ausspruch »reich wie
ein Krösus«. Antiken Quellen zufolge regierte König Kroisos (Krösus) um 550 vor Christus über das
Königreich Lydien. Seine Hauptstadt Sardes lag
75 Kilometer östlich von Izmir. Mitten durch Sardes soll ein Fluß geströmt sein, der buchstäblich
voll Gold war. Der Fluß hieß Paktolos, und es gibt
ihn heute noch. Krösus muß aus dieser nie versie-
genden Quelle reichlich geschöpft haben. Er ließ
nicht nur einen der schönsten und aufwendigsten
Artemis-Tempel bauen, sondern prägte auch als

erster Bankier der Welt reine Gold- und Silber-
münzen.

Es ist eine beurkundete Tatsache, daß die Menschen im Altertum Gold, das Flüsse mit sich führten, in Schafsfellen einfingen, die sie im Flußbett
ausbreiteten. Das Gold verfing sich dann in der
weißen Wolle, und auf diese Praxis könnte eine
andere Sage zurückgehen: die Sage vom Goldenen Vlies, nach dem Jason und die Argonauten in
Kolchis suchten. Mythen, was sind sie? Masken
der Ewigkeit, Bilder aus dem unerschöpflichen
Brunnen des Seins, verschlüsselte Botschaften? Es
hat immer wieder Archäologen gegeben, die
mehr waren als »Nur-Wissenschaftler«. Sie haben
in den Mythen und Legenden nach Schlüsselin-
formationen gesucht, um in das durcheinander-
gewürfelte Puzzle der Menschheitsgeschichte die
richtige Ordnung zu bringen. Und vielfach sind
sie fündig geworden. Schliemann fand Homers
Troja, der türkische Archäologe Kenan Erim grub
Aphrodisias aus, der Amerikaner Rodney Young
brachte das Gordion des Königs Midas ans Licht,
der glückhafte Ausgräber James Mellaart entdeckte Catal Hüyük, eine der ältesten Stätten der
Menschheitsgeschichte. Ein deutscher Ingenieur
bestieg 1880 den Gipfel des Nemrut-Dagi, und
Theresa Goell, selbst schon eine Legende in der
Archäologiegeschichte, grub den Götterberg und
das Königreich von Antiochos aus. Die Aufli-
stung der Namen ließe sich beliebig fortsetzen.
All diese Männer und Frauen aus den unter-
schiedlichsten Nationen hatten und haben ein ge-
meinsames Ziel: daß mit jedem Spatenstich ein
Stück verlorengegangener Geschichte wieder ans
Tageslicht kommt. Und sie dringen weiter in die
mit Jahreszahlen belegbare Vergangenheit ein,
tauchen hinab in den zeitlosen Ozean der Mytho-

**Mythen –
Masken der
Ewigkeit**

logie, wo Sagen und Legenden wieder lebendig werden.

Ex oriente lux – aus dem Osten kommt das Licht. Wie wahr das ist! Herrliche Türkei, großartiges Anatolien. Viel zu lange hat Kleinasien in der Welt nicht die Aufmerksamkeit bekommen, die es verdient. Zu viele seiner Helden galten als bloße Legenden, die man dem klassischen Altertum zuschrieb. Die Menschen vergaßen einfach, daß jahrhundertelang die gesamten südlichen und westlichen Küstengebiete der heutigen Türkei von Griechen und Römern bewohnt waren. Vergaßen auch, daß das Licht der großen abendländischen Kultur und die Fundamente unserer Religion in der Türkei liegen.

**Biblische Plätze – diesseits und jenseits von Eden**

In der Konkurrenz um biblische Plätze kann die Türkei den Wettstreit mit allen Ländern aufnehmen, sogar mit Israel. Hier finden sich unzählige Namen aus dem Alten und Neuen Testament, und unermüdlich ziehen Archäologen aus, um nachzuschauen, ob die Bibel doch recht hat. – Im Osten Anatoliens, nahe der sowjetischen und irakischen Grenze, erhebt sich der 5156 Meter hohe Gipfel des Ararat. Ein wenig menschenfreundlicher Berg – wüst und kahl, die Vulkankegel immer im Schnee. Er liegt nicht weit entfernt von Euphrat und Tigris, jenen Flüssen, die einst den fruchtbaren Garten Eden bewässerten; nicht weit vom Acker, den der Herr um Adams willen verfluchte, von den Gegenden, in denen Hiob, Abraham und Isaak lebten. Ein alter biblischer Landstrich, diesseits und jenseits von Eden.

Wie ein Mahnmal vom Anfang und Ende der Welt präsentiert sich der Ararat. Die Kurden sagen »Berg des Bösen« zu ihm, die Armenier nannten ihn »Mutter der Erde«, die Türken gaben ihm den Namen Agri Dagi – »Schmerzensberg«. In

*Der Ararat – wo die Arche Noah landete*

den Fangarmen dieses zu einer Riesenkrake erstarrten Lavamonstrums liegt das Rätsel der Arche Noah. Das Buch Genesis (1. Mos. 8, 4) sagt
klar, nach der Sintflut von 40 Tagen und 40 Näch-
ten und nachdem daraufhin die Flut 150 Tage
lang die Erde bedeckte, begannen die Wasser
langsam zu sinken, und »die Arche ließ sich nieder auf dem Berg Ararat«.

In das Gebiet entlang der sowjetisch-irakischen
Grenze gehört auch die Geschichte von Abraham.
Hartnäckig hält sich bei den Türken die Überlie-

**Abraham**

ferung, der biblische Erzvater Abraham sei nicht in Israel gestorben, sondern auf türkischem Boden, in einer Höhle nahe der heutigen Stadt Urfa. Abraham ist ein Prophet des Islam, und nach einer türkischen Legende kostete ihn das Treffen mit dem Helden Nemrut (Nimrot) fast vorzeitig das Leben. Nemrut, so heißt es, überfiel Abraham hinterrücks, band ihn an einen Marterpfahl und wollte ihn lebendig verbrennen. Doch da zog im letzten Moment ein grollendes Gewitter auf, Regen strömte hernieder und ließ an der Stelle, wo der Prophet um ein Haar verbrannt wäre, einen See entstehen. Den kleinen See in der Nähe von Urfa gibt es immer noch. Die Gläubigen kommen mit ihren Gebrechen von überall her, denn der See, so versichern sie, habe heilende Kräfte.

Wie sich die Bilder gleichen! Auch im Neuen Testament lesen wir die Geschichte von einer Frau, die den Flammentod sterben sollte und wie durch ein Wunder dann doch überlebte. Nach Myra, einer der ältesten und bedeutendsten Städte Lykiens, kam einst Paulus auf seiner Reise nach Rom. Dort bekehrte er die junge Thekla zum Christentum. Ihr Verlobter, wütend darüber, daß sie ihn verlassen hatte, denunzierte sie als Christin, und Thekla sollte den Märtyrertod sterben. Aber die Löwen in der Arena rührten sie nicht an, und die Flammen des Scheiterhaufens versengten sie nicht. So wurde sie später heiliggesprochen.

**Paulus auf dem Weg nach Rom**

In Myra begegnen wir auch dem byzantinischen Bischof Nikolaos, den eine Legende zum europäischen Nikolaus werden ließ. Es war so um das 4. Jahrhundert, Myra muß damals schon einiges von seinem Glanz verloren gehabt haben. Die heidnischen Felsengräber oben in der braungelben Schlucht existierten zu jener Zeit schon mehr als tausend Jahre, und die Stadt war längst chri-

stianisiert. Da kam ein Mann namens Nikolaos
nach Myra. Er wurde zum Bischof ernannt und
war weithin bekannt als Wundertäter und Helfer
in aller Not. Einige behaupten, er sei seines Glaubens wegen verfolgt und um 345 n. Chr. umge-
bracht worden. Zumindest erscheint sein Name
in einigen Märtyrerlisten des 9. Jahrhunderts.
Zweifellos gab es über viele Jahrhunderte bis hinein ins elfte in Myra eine Kirche, die seinem Gedächtnis geweiht war. Pilgerscharen zogen dorthin, um seine sterblichen Überreste und andere
geheiligte Reliquien zu ehren. Doch nicht alle
kamen mit freundlichen Gedanken. Ein paar die-
bische Piraten und Freibeuter, die wußten, daß
Nikolaos als Schutzpatron der Seefahrer sehr be-
gehrt war, stahlen die Gebeine des Heiligen. Sie **Die Reliquien**
landeten, so wird berichtet, im Jahr 1087 in einer **des Nikolaos**
dunklen, mondlosen Nacht im Hafen von Myra,
eilten geradewegs zum Kloster und plünderten in
aller Eile den Sarkophag. Ein paar Knochen müssen sie wohl übersehen haben. Die und einige
vergilbte Zähne stehen heute in einer Vitrine im
Museum von Antalya.

Tief unten im Süden Italiens, in Bari, der
Hauptstadt Apuliens, schließt sich der Kreis um
den heiligen Nikolaos. Dorthin nämlich brachten
die Freibeuter ihren Reliquienschatz, und die Ba-
reser errichteten darüber die wunderschöne Ka-
thedrale San Nicola. – Fast zur gleichen Zeit, als
das »Unternehmen Bari« ablief, machten sich
auch andere Seeleute – in diesem Fall aus Venedig
– auf den Weg nach Myra. Auch sie in der Absicht,
die Reliquien zu entführen. Doch sie kamen zu
spät. Wo die Knochen herstammten, die sie
schließlich in Venedig vorlegten, ist unbekannt.
Es heißt, sie stammen vom Onkel des Heiligen.
Armer heiliger Nikolaus! Wie bei vielen volks-

tümlichen Heiligen sind so viele »echte« Knochen im Umlauf, daß man daraus ein ganzes Heer von Nikoläusen aufmarschieren lassen könnte.

**Der Siegeszug des Nikolaus** Wie dem auch sei – Nikolaus begann seinen Siegeszug durch Europa, ja durch die ganze Welt. Woher dieser Brauch stammt, daß man sich am Nikolaustag beschenkt? Auch dazu gibt es eine Legende. In Myra soll zur Zeit von Bischof Nikolaos ein sehr armer Mann gelebt haben, der sich heftig darüber grämte, daß er seinen drei Töchtern keine Mitgift geben konnte. Der wohlhabende Bischof beschloß zu helfen. Bescheiden wie er war, wollte er sich aber nicht als Wohltäter zu erkennen geben. So schlich er nachts zum Haus des armen Mannes, fand jedoch Fenster und Türen verschlossen. Schließlich kletterte er aufs Dach und warf die mitgebrachten Goldsäckchen durch den Kamin. Zufälligerweise hatten die Mädchen ihre Strümpfe zum Trocknen über das Feuer gehängt, und so landete die Gabe in den Wollsocken.

Aus Sankt Nikolaus wurde bei den Holländern Sint Nicolaas und Sinte Klaas. Sie nahmen ihn mit in ihre amerikanischen Kolonien, wo er Jahrhunderte später zum Santa Claus wurde. Und auch das zaristische Rußland erhob den einstigen byzantinischen Bischof zu seinem Schutzpatron. Die von Erdbeben und Kriegen zerstörte Nikolaoskirche in Myra wurde von dem russischen Zaren Alexander II. 1862/63 wiederaufgebaut.

Myra, dieser Name kommt von Myrrhe, dem wohlriechenden Harz, das schon im Altertum als Räuchermittel und heilkräftiges Öl verwendet wurde. In den Annalen des 9. Jahrhunderts finden wir den Ausruf Kaiser Konstantins VII.: »Dreifach gesegnete, myrrhenduftende Stadt der Lykier, wo der mächtige Nikolaos, Diener Gottes, dem Stadt-

namen gemäß Myrrhe ausströmt.« Solches Öl soll
dem Grab vom Nikolaus beigelegen haben, und
die Reliquienräuber verkauften es zu horrenden
Preisen tropfenweise an die Klöster im gesamten
Mittelmeerraum.

Myra und Lykien, darüber gäbe es noch viele **Myra und Lykien**
Geschichten zu erzählen. Lykien, die erste Republik der Erde, das Land und das Volk, nach dem
sämtliche »Lyzeen« (Gymnasien und Bauten, die
der Bildung dienen) der Welt benannt sind. Lykien mit seinen berühmten Bogenschützen, den
unermeßlichen Zedernwäldern und den mythischen Felsengräbern. Ich erinnere mich noch, wie
ich diese Gräber zum erstenmal sah. Mit einem
kleinen Boot ließ ich mich zur antiken Stätte Kau-
nos bringen. Sie ist nur durch einen schilfbedeck-
ten Kanal zu erreichen, und die Fahrt dorthin ist
ausgesprochen romantisch. Im durchsichtigen
Licht des frühen Morgens weht das Schilf wie die
Haare von Nymphen. Vielleicht war es an dieser
Stelle, wo die Nymphe Kyanee sich mit dem König Miletos der Liebe hingab und mit ihm einen
Sohn namens Kaunis zeugte. – Wir waren bereits
eine Weile gefahren, da ragte plötzlich vor uns
gleich einer riesigen Kulisse eine mächtige Felswand empor. Von weitem wirkte sie wie goldgelbe Bienenwaben. Darin eingemeißelt Gräber,
Häuser, ja ganze Grabtempel, Meisterwerke lykischer Bestattungsarchitektur. Bis zu zwei und
mehr Meter tief schieben sich diese Bauten in den
senkrechten Nekropolenfelsen hinein. Hundert
Gräber, die einen ganz schlicht in der Form von
Blockhütten, die anderen wie kleine Tempel mit
verzierten Giebeldächern und ionischen Säulen.

In Tlos, einer anderen lykischen Stadt, steht
auch so eine Felsennekropole. Sie ist eingeschla-
gen in die Nordostflanke der Akropolis. Ein Grab

sticht durch seine Ausschmückung besonders hervor. Es sieht aus wie die perfekte Miniaturausgabe eines ionischen Tempels. Der mythische Held Bellerophon könnte hier begraben sein, meinen Experten. Links von der Tür zur Grabkammer erscheint schwach ein Relief, das den Helden auf dem Flügelroß Pegasus zeigt, wie er die feuerspeiende Chimäre tötet.

**Das Grab Bellerophons?**

Ich bin noch einmal in Myra, dieser Stadt, ganz aus Felsen und Stein gehauen. Da ist die byzantinisch-christliche Basilika des Heiligen Nikolaos und da die halbverschüttete Arena des hellenistisch-römischen Theaters. Dort sitze ich und blicke auf die gelbbraune Felswand vor mir wie auf ein gigantisches Bühnenbild. Aber es fällt mir kein Stück ein, das zu dieser rätselhaften Kulisse passen würde. Wer waren diese Menschen, die im Stil lykischer Fachwerkhäuser und griechischer Tempel dort oben so kunstvoll begraben sind? Mit leeren, blinden Augen gähnen mich die ausgeplünderten Gräber an. Erde zu Erde, Asche zu Asche, Stein zu Stein – das Lied von Leben und Tod klingt hier anders. Irgendwie fröhlicher. Die Griechen gönnten ihren Toten nur eine freudlose Existenz im Schattendasein des Hades. Die christliche Vorstellung sagt, wir kommen von Gott und gehen zu Gott. Wenn dem so ist, dann will ich nicht den Umweg unter die Erde machen. Dann will ich, wie die Lykier es glaubten, von einem Vogeldämonen emporgehoben und in den Himmel getragen werden.

# Pamphylien –
# Das Brautgeschenk
# für Kleopatra

Es ist schön, früh am Morgen ins Morgenland zu
fahren, wenn das Licht noch weich ist und die
Luft den letzten kühlen Atem der Nacht in sich
trägt. Geschäftig rollt die Sonne über die Gipfel
des Taurusgebirges, überzieht die pamphylische
Ebene mit einer honigfarbenen Glasur. Bilder aus
bibelfernen Zeiten ziehen an mir vorüber. Eine
Ziegenherde strömt Rücken an Rücken gedrängt
in meinen Weg. Menschen als bunte Tupfer in den
endlosen Baumwollfeldern. Frauen – gebeugt, gehorsam, vielfach auch verschleiert. Pflicht und
Gehorsam, die obersten Gesetze des Islam, sau-
gen die Töchter Allahs bereits mit der Mutter-
milch ein. Daran hat sich auch durch Atatürks
Reform nichts geändert. Zumindest nicht auf dem
Land. Doch hier unten an der Südküste leben die
Menschen in einem Grenzbereich, zwei Welten
prallen unvereinbar aufeinander.

**Die Töchter Allahs**

Da ist diese fruchtbare, von der Natur ver-
wöhnte Schwemmlandebene. Bauernland, seit
Jahrhunderten und immer auf die gleiche mühe-
volle Weise bearbeitet. Morgens um sechs ziehen
die Menschen mit Schaufel und Spitzhacke auf
die Felder. Die Männer befehlen, die Frauen arbeiten und gehorchen. Ihre Hände sind rissig und
rauh, ihre Gesichter zerfurcht. Und drüben –

kaum einen Steinwurf entfernt – liegen die Touristen an den weiten Stränden, die Mädchen barbusig, begafft von jungen Türken, deren Mütter noch verschleiert gehen. Die Kluft zwischen dem archaischen Anatolien und der modernen Türkei ist tief. All die Gegensätzlichkeiten und Widersprüche in Kultur, Landschaft, Religion und sozialer Schichtung sind an der Südküste besonders deutlich zu spüren und werden zusätzlich noch von den Einflüssen des massiv einbrechenden Tourismus verstärkt.

Außergewöhnliche Schönheit hat immer auch eine besondere Anziehungskraft. Davon weiß der Landstrich Pamphylien seit altersher ein Lob- und Klagelied zu singen. Wenn es stimmt, daß in Ostanatolien einst der Garten Eden gepflanzt wurde, dann ist er heute wohl eher in der fruchtbaren Tiefebene der Südküste anzutreffen. Subtropisches Gartenland, mediterrane Üppigkeit. Frisch leuchtendes Grün, Baumwoll-, Tabak-, Ge-

*Berge, Buchten, Sandstrände – das Landschaftsbild der türkischen Riviera*

müseanbau und Bananenplantagen. Die Bergwelt
ringsum schirmt die rauhen Winde ab. Im Frühling bedeckt ein Blütenmeer den fruchtbaren Kü-
stenstreifen, der sich zu Füßen der majestätischen
Tauruskette ausbreitet. Dieser Landstrich ist ein
Juwel, so kostbar, daß Antonius es für wert befand, ihn Kleopatra als Brautgeschenk zu Füßen
zu legen. Leicht vorstellbar, wie es gewesen sein
muß, damals, im Jahr 41 vor Christus. Das waren
süße Nächte hier unten im Süden. Der schöne,
wohlgeformte Halbmond floß über die gerundete
Bucht von Antalya, zerschmolz silberfarben im
Meer. Dieses immergleiche Bild, das einen heute
noch, 2000 Jahre später, wehmütig und melancholisch werden läßt. So kann es schon leicht
passiert sein, daß der starke Marcus Antonius
schwach wurde, und, weil er nun nicht die Sterne
vom Himmel holen konnte, der schönen Frau an
seiner Seite wenigstens das Land ringsum
schenkte.

Zum Meer hier unten an der türkischen Riviera **Die türkische**
muß ich noch ein paar Worte sagen. Ak-Deniz, die **Riviera**
»Weiße See«, wie das Mittelmeer im Kontrast
zum Schwarzen Meer genannt wird, umspült den
wohl schönsten Küstenabschnitt der Türkei. Im
Gegensatz zur Ägäis verläuft die Küstenlinie des
Mittelmeeres in sanften, langgezogenen Kurven,
gesäumt von kilometerlangen Sandstränden. Bei
Anamur, wo der Taurus schroff ins Meer abfällt,
schraubt sich die Straße hoch in die felsige Steil-
küste und gibt den Blick frei auf die tiefblaue See
mit ihren vorgelagerten Inseln und schwer zugänglichen Buchten. Über allem spannt sich 300
Tage im Jahr ein nahezu wolkenloser Himmel.
Eine frische Brise mildert gelegentlich die trockene Hitze.

Pamphylien, dieser schöne Landstrich, ist zu-

Abbildung 1

Abbildung 2

Abbildung 3, 4

Abbildung 5

Abbildung 6

Abbildung 7

Abbildung 8, 9

Abbildung 10

Abbildung 11

Abbildung 12

Abbildung 13, 14

Abbildung 15

Abbildung 16

Abbildung 17, 18

Abbildung 19, 20

Abbildung 21

Abbildung 22

Abbildung 23, 24

Abbildung 25

Abbildung 26, 27

Abbildung 28

Abbildung 29

Abbildung 30

Abbildung 31

**16** Ex oriente lux – aus dem Osten kommt das Licht: Das Licht der abendländischen Kultur ging an den Küsten Kleinasiens auf (© Müller)

**17** Hoch über dem Mäandertal – Priene, das Pompeji Kleinasiens

**18** Milet – Stadt der abendländischen Philosophen und Wissenschaftler. Als
Machtsymbol blieb das hellenistische Theater

**19** Von hier aus begann der heilige Nikolaus seinen Siegeszug rund um die Welt

**20** Die Nikolaoskirche in Myra wurde von dem russischen Zaren Alexander II.
1862 wiederaufgebaut

**21** Wo heute die Seldschukenfestung nahe Ephesos aufragt, soll Johannes einst
sein Evangelium geschrieben haben

**22** Alláhu akbar – Allah ist mächtig; Minarette und Moscheen sind ständige
Begleiter auf einer Reise durch die Türkei

**23** Stille Schönheit am Wegesrand – Moschee am Van-See

**24** Ephesos – Weltstadt der Antike mit der großartigen Celsus-Bibliothek

**25** Meisterwerke seldschukischer Baukunst – das Tor einer Medrese in Konya

**26** Sinnentleert und ausgeplündert – eines der einzigartigen lykischen Grabhäuser

**27** Das Heiligtum Letton – wo die Geliebte des Zeus die Götterkinder Artemis und
Apollon gebar

**28** Nur mit einem Schiff erreichbar – Byzanz am Ende der Welt, eine kleine Insel
bei Kekova

**29** Blick von der Festung Kale: Wo einst wilde Schlachten tobten, herrscht heute
himmlischer Frieden

**30** Siegesdenkmal des pergamenischen Reiches – der Zeus-Altar in Pergamon
(© Müller)

**31** Ein letzter göttlicher Pinselstrich – und dann versinken die Kalksinterterrassen
von Pamukkale in der Nacht (© Müller)

gleich auch eine historische Landschaft – uralter
Kulturboden, mit dem glanzvolle Namen und
große Ereignisse verbunden sind: Antonius, Kleopatra, Pompejus, Kimon von Athen, Alexander
der Große, die See- und Landschlacht bei Aspendos. Wie an einer Perlenschnur aufgereiht liegen
entlang der Südküste zahlreiche Ruinenstädte,
die Zeugnisse vieler Zivilisationen: hellenistisch
und römisch, byzantinisch, seldschukisch und
arabisch. Einen Kurzlehrgang dieser Menschheitsgeschichte bekomme ich im Museum von
Antalya. Dort stehen sie, die prächtigen Steinfigu-
ren, uralt und hochmütig, Götter und Helden und
gelegentlich namenlose Bürger. Fahlfarben und
fröstelnd und irgendwie lächerlich in ihrer falti-
gen Marmornacktheit. – Später, in den antiken
Stätten von Perge, Aspendos und Side werde ich
mir dann mit etwas Phantasie zusammenreimen
können, auf welchen Sockeln all die Marmorlei-
ber standen, aus welchen Nekropolen die reich
verzierten Sarkophage geborgen wurden, welche
Bauwerke die kostbaren Friese schmückten. Die
Geschichte macht es mir nicht einfach, blättert
sich nicht wie ein leicht lesbares Buch auf. Immer
muß ich, wenn ich der Vergangenheit auf der
Spur bin, mühsam Bild für Bild zusammensetzen,
Empfindungen sortieren, Zusammenhänge her-
stellen und dann doch wieder verwerfen, weil
Logik niemals etwas war, das in der Menschheitsgeschichte Platz gehabt hätte.

**Antalya**     Antalya, die wuselige, herrlich gelegene Stadt,
läßt mich tief aufatmen. Die Leichtigkeit, mit der
sie es geschafft hat, ihre Metamorphose aus dem
bedeutungsschwangeren antiken Attaleia zum
modernen Antalya zu vollziehen und daraus einigermaßen unbeschadet hervorzugehen, erscheint wie ein Wunder. Bei aller Zurückhaltung

ist es nicht übertrieben, Antalya als schönste türkische Stadt gelten zu lassen. Hoch über dem
Meer thront sie auf einem natürlichen Plateau,
dessen braungelbe Felsen steil in die türkisfarbe-
ne Hafenbucht fallen. Palmen und Orangenbäu-
me, Oleander, Hibiskus und Platanen wachsen
zwischen Stadtmauern und alten osmanischen
Holzhäusern. Palmenalleen spenden den modernen Boulevards Schatten. Ein orientalisches Ba-
zarviertel mit buntem Gassengewirr, Teegärten
und Parks, alte Moscheen und neue Luxushotels,
das alles lebt in mediterraner Luftigkeit nebeneinander. Antalya bietet das seltene Beispiel einer
urbanen Doppelexistenz, ist zugleich heiterer Fe-
rienort und aktive Großstadt mit einer Viertelmil-
lion Einwohner.

Heute ist diese Stadt, die bereits im zweiten
vorchristlichen Jahrhundert vom legendären pergamenischen König Attalos gegründet wurde,
die selbsternannte Hauptstadt der türkischen Ri-

*Eingang in eine ande-
re Welt: Hadrians-
Tor in Antalya*

viera. Wahrzeichen des alten Antalya sind die Minarette und Moscheen, die zum Teil noch von den bauwütigen Seldschuken errichtet wurden. In die römische Geschichte gehört das überaus stattliche Hadrians-Tor, das der gleichnamige Kaiser samt der mächtigen Stadtmauer errichten ließ. Dahinter die historische Altstadt. Noch vor wenigen Jahren unrettbar dem Verfall preisgegeben, wird jetzt Haus um Haus restauriert. Mittlerweile ist Denkmalschutz ein Thema, das sich die Türken groß auf die Fahne geschrieben haben. Überall zwischen Istanbul, Bursa und den Küstenstädten wird alte Bausubstanz liebevoll aufgemöbelt. Vielleicht auch als Bekenntnis zur eigenen Geschichte.

Wahrzeichen des modernen Antalya ist der malerische Yachthafen, der, mit anderem Gesicht freilich, seine historischen Meilensteine hat. Hier landete der Apostel Paulus auf seiner ersten Missionsreise und hatte bald eine starke Gemeinde um sich versammelt. Jahrhunderte später versuchten die kampfeslüsternen Kreuzfahrer im Namen Gottes Zugriff auf den Hafen und die Stadt zu bekommen. Am 24. August 1361, so berichten es alte Chroniken, landete eine christliche Flotte von Zypern kommend in Attaleia. Ein mörderisches Gemetzel wogte unter den Stadtmauern. Für eine kurze Zeitspanne vermochten die streitbaren Christen den wichtigen Stützpunkt für sich zu gewinnen. Und noch einmal, 1472, drang eine Kreuzritterflotte bis in den Hafen vor, der aber nun durch eine mächtige eiserne Kette geschützt war. Die Kette wurde zerstört und von den christlichen Soldaten an Bord geschleppt. Die Stadt selbst mußten die Kreuzfahrer uneingenommen zurücklassen. – Vor drei Jahren, bei einem Besuch des Petersdoms in Rom, konnte ich

**Der Angriff der Kreuzritter**

mir keinen Reim darauf machen, was dieses
merkwürdig bedrohliche Ding, geformt wie eine
alte Eisenkette, in einer Sakristei zu suchen hat.

Heute weiß ich, es ist das Beutestück jenes
vergeblichen Angriffes auf Antalya. Und wieder
einmal kann ich für mich eine kleine Lücke schließen in diesem riesigen Puzzle das Weltgeschichte
heißt.

Schnurgerade durchschneidet ein breites As-
phaltband, das sich 150 Kilometer lang von Anta-
lya bis nach Alanya zieht, die pamphylische Ebe-    **Fruchtbare Ebene**
ne. Wie ein prall gefüllter Fruchtkorb liegt sie da,
satt und gut genährt. Du brauchst nur die Hand
auszustrecken, eine Banane von den schwerbe-
hangenen Stauden zu pflücken, hineinzubeißen
in die dicken rotwangigen Äpfel und das süße
Fruchtfleisch der sonnenwarmen Melonen, und
du spürst das pulsierende Leben dieser Landschaft. Die weißen aufspringenden Knospen in
den Baumwollfeldern geben dir eine Ahnung von
der Reife des Lebens. Dazwischen das drängende
Grün der Wiesen vor dem schimmernden Meer.
Und im Hintergrund der Taurus, braver Leibwächter der fetten pamphylischen Erde, die dir
beibringt, woraus das Leben auch bestehen kann.
Alles wäre gut – du könntest dich hineinfallen
lassen in dieses Heute, Hier und Jetzt, spüren, was
es bedeutet, von Augenblick zu Augenblick einfach nur dazusein – wäre da nicht dieser leere
vorwurfsvolle Medusenblick. Aus den Ruinen
längst versunkener Theater und Stadien starrt er
dich aus gebrochenen Marmoraugen an. Heraus-
fordernd und traurig zugleich. Und wieder einmal hast du nicht die Möglichkeit wegzuschauen.
Wieder einmal stehst du der Vergangenheit Auge
in Auge gegenüber, mußt sie so lange betrachten,
bis du bereit bist, dich selbst darin zu erfahren.

Wie kann man seine eigenen, ganz persönlichen Erlebnisse, die tief unter die Haut gehen, den innersten Kern berühren, anderen mitteilen? Wir blicken auf die gleichen Dinge und sehen doch alle etwas ganz Unterschiedliches. Hier in Pamphylien hat die Geschichte geduldig ihre Lehrstücke aufgeführt. Und vielleicht stehen wir gerade mitten drin in einem neuen Lehrstück und nehmen es gar nicht wahr. Gewiß, die Namen der Völker wechselten – Griechen, Römer, Byzantiner, Seldschuken, heute heißen sie Türken – und morgen? Jedes Schauspiel braucht berühmte Akteure. Antonius, Attalos, Pompejus, Paulus – wir hörten schon von ihnen. Das gleiche Stück, das gleiche Schicksal: ein Flußhafen, früher Reichtum, Prachtentfaltung und politische Bedeutung. Dann das Versanden der Häfen, der langsame unaufhaltsame Niedergang. Wo sind all diese Genies und Helden geblieben, die uns eine Vorstellung davon geben könnten, daß in diesen erloschenen Marmoraugen Pamphyliens einmal wildes, ungestümes Leben geflackert hat?

**Das Theater von Perge**

Im halbverwüsteten Theater von Perge, das noch immer eine der eindrucksvollsten Kulissen der antiken Welt ist, ist noch eine ekstatische, orgiastische Naturkraft zu spüren. Da sind die Reliefs, auf denen die Geschichte von Dionysos dargestellt ist: die Geburt des jungen Gottes aus dem Oberschenkel von Zeus. Hermes, der Götterbote, übergibt ihn den Nymphen, die ihn säubern und salben. Und schließlich der Höhepunkt seiner Karriere, als er begleitet von einer ekstatischen Mänade und gezogen von zwei kräftigen Panthern auf seinem Triumphwagen thront, halb Ziegenbock, halb Mensch. Ein Gott, der ein Trunkenbold und Frauenverführer war, ein rasender Dämon und auch ein nachdenklicher Weiser.

*Das Bauwerk eines Weisen – die Seldschukenbrücke in Aspendos*

Es ist eine eigenartige Erfahrung, mehr ein Gefühl, das einen beim Durchwandern der griechisch-römischen Ruinenstätte von Perge befällt. Da waren fundierte, großartige Zivilisationen, geprägt von Charakteren und Begabungen. Paulus gründete an dieser Stelle die erste Christengemeinde Kleinasiens. Menschen lebten hier, die gläubig waren und voller Ideale. Ideale, denen wir uns heute noch beugen. Es ist unsere eigene Zivilisation, von der keine Spur mehr in den leeren Ruinen zu entdecken ist. Das Volk aber, das diese Tradition, dieses Erbe verwaltet, ist uns weitgehend fremd. Die Geschichte hat einen Bogen geschlagen, hat seltsame Umwege gemacht. Hier, Tausende von Kilometern von zu Hause entfernt, stehen wir uns selbst gegenüber.

Vierzig Kilometer von Antalya entfernt zweigt die Hauptstraße links nach Aspendos ab. Friedlich ist heute die landschaftliche Szenerie entlang des alten Eurymedon-Flusses. Nichts erinnert mehr daran, daß sie im 5. Jahrhundert vor Christus Schauplatz wilden Kampfgetümmels war.

*Geballt, vollkommen
und dominierend
ragt in Aspendos das
besterhaltene Theater
der Antike auf*

Kimon von Athen war es, der an dieser Stelle die
Perser in einer Doppelschlacht zu Lande und zu
Wasser besiegte. Der Fluß hat längst seinen Namen geändert, heute heißt er Köprü Irmak. Doch
die alte Seldschukenbrücke, die ihn überspannt,
schert sich nicht um Namen. So wie ein Weiser,
zentriert und in sich ruhend, hat sie gänzlich unbeschadet die Zeit überlebt. Ein Weiser muß sie
wohl auch gebaut haben, der um das Gesetz der
Anpassung wußte. Denn diese Brücke windet
sich krumm und verbogen über den Fluß. In

Afghanistan, wo es ähnliche Brückenbauten gibt,
wurden diese Konstruktionen von europäischen
Ingenieuren durch moderne gradlinie Brücken
ersetzt. Als die ersten Frühlingsüberschwem-
mungen kamen, brachen sie zusammen und wurden von der Strömung fortgerissen. Die alten
geschwungenen Brücken jedoch hielten dem
Druck des Wassers stand.

Geballt, vollkommen und so dominierend, daß
alle übrigen Ruinen der alten Stadt dahinter ver-
blassen, ragt das Theater von Aspendos aus der    **Das Theater von**
grünen Ebene Pamphyliens auf. Agora, Basiliken,   **Aspendos**
Bäder, Gymnasium – alle Bauten stehen im Schat-
ten dieses besterhaltenen Theaterbaus der Antike.
Es ist ein römisches Theater, und der Unterschied
zu den griechischen ist gut auszumachen. Während griechische Theater ihre Sitzreihen nach
oben öffnen und die Landschaft als Theaterkulis-
se miteinbeziehen, sind die römischen völlig geschlossen. Nichts kann den Zuschauer ablenken,
der sich auch heute noch in lauen Sommeraben-
den von antiken Schauspielen forttragen lassen
kann in eine andere Welt.

»Der Himmel verdüsterte sich, und neben den
Schiffen schlugen zornig die Blitze des Zeus ein.
Die Besatzung fiel auf die Knie, flehte die Götter
um Hilfe und ein rettendes Ufer an. Und Zeus
hatte Erbarmen mit jenen Schiffsreisenden, die
nach Jahren schlimmer Kriege ihre Heimat aufgeben mußten. Mit nie verschließbaren Wunden im
Herzen suchten sie nun eine neue Heimat.« – So
etwa beginnt in grauer Vorzeit die Geschichte von
Side, was aus seiner anatolischen Sprachwurzel
heraus nichts anderes als Granatapfel bedeutet.
Side ist eine sehr alte Siedlungsstätte Anatoliens,
vor 3000 Jahren erstmals von den Kimmeriern
bewohnt. Fünfhundert Jahre später kamen die

ersten griechischen Kolonisten, die sich rasch mit der einheimischen Bevölkerung vermischten. Noch in hellenistischer Zeit wurde in Side ein Dialekt gesprochen, der von den anderen kleinasiatischen Griechen kaum verstanden wurde.

**Side – Gegenspielerin von Aspendos**

Seine exponierte Lage auf einer felsigen, weit geschwungenen Halbinsel ließ Side rasch zur großen und eifersüchtigen Gegenspielerin von Aspendos anwachsen. Warenumschlagplatz, Piratenschlupfwinkel, Sklavenmarkt, das waren die Stationen zu Reichtum und Macht. Dann verursachte die nagende Küstenströmung allmählich die Versandung des Hafens. In Perge und Aspendos war es ja ähnlich. Dort erstickten die lebenswichtigen Flußhäfen unter dem unaufhörlichen Geschiebe, das vom Gebirge herunterkommt. Dies – und der Zusammenbruch der römischen Macht – ließen Side veröden. Als die Araber die Stadt in Brand legten, zogen die letzten Bewohner hinüber nach Antalya.

Side heißt jetzt Selimiye und ist die Fortsetzung jenes kleines Dorfes, das kretische Fischer Anfang des 20. Jahrhunderts gründeten. Es muß eine geruhsame, stille Zeit für die Menschen gewesen sein, bis die Archäologen kamen. Mit gewaltigem Aufwand gruben sie aus verwehten Dünen und dichtem Buschwerk das griechisch-römische Side aus. Das Theater ist grandios, größer noch als das von Aspendos, aber längst nicht so gut erhalten. Ich steige hinauf auf die alleroberste Reihe, gefolgt von einem kleinen Zicklein. Es scheint wohl auch auf der Flucht zu sein vor den Menschenmassen, die in den Ruinen herumklettern. Der Wind fährt durch die Seiten meines Reiseführers. Es ist wie das Blättern in einem Totenregister. Das verwüstete Land unter mir verstärkt noch diesen Eindruck. Gleich abgebrochener Zinken eines

Kammes in bleichem Frauenhaar ragen Ruinen-
torsi aus den Dünen auf. Die massiven Bögen im
Sesamfeld dort drüben sind Mauern eines alten
Aquäduktes. Leer und sinnlos stehen die Reste
einer Basilika neben korinthischen Säulenstümp-
fen. Auf den einstigen Wällen der Weltstadt Side
hat sich jetzt das türkische Allerweltsdörfchen
Selimiye eingenistet. Nichts ist mehr wirklich
schön und vollkommen. Stärker noch als in anderen Kulturstätten ist hier die Vergänglichkeit der
Antike zu spüren.

*Zeichen römischer Prachtentfaltung – das Theater von Side*

Es waren wohl auch gar nicht so sehr die Ruinen, die Side die Aufmerksamkeit zukommen
ließen, die es heute hat. Sie sind nur Beiwerk für
den herrlichen Sandstrand und das dahinterlie-
gende Dünenmeer. Der Tourismus hat das alles
für sich vereinnahmt. – Busse, Taxis, Pferdekut-
schen, Hupkonzerte, Menschenmassen. – Viel
Nepp und Ramsch, viel nackte Haut. Und auch
die Sider tragen ihre Haut zu Markte. Der Handel

**Side und das Dünenmeer**

mit Leder und Teppichen floriert, ja sogar Pelze finden in glühender Hitze reißenden Absatz. Die Möglichkeit, daß noch Piraten- und Seeräuberblut in den Adern der heutigen Einwohner fließt, läßt sich nicht leugnen.

**Die Wasserfälle von Manavgat**    Acht Kilometer landeinwärts von Side sprudeln die Wasserfälle von Manavgat. Wo der Fluß über ein flaches, breites Felsplateau schnellt, laden Teegärten mit schattenspendenden Flußweiden zur Rast ein. Ein Labsal der Kühle nach den Streifzügen durch die schattenlosen Ausgrabungsstätten. Nicht, daß es hier gerade menschenleer wäre. Im Gegenteil! Ganze türkische Familien-Clans belagern den beliebten Ausflugsplatz. Sie haben sich und ihr mitgebrachtes Picknick über Tische und Bänke ausgebreitet. Aus Kofferradios plärrt Musik. Völlig unberührt schläft mittendrin ein Säugling in seiner Hängematte. Ich wate an einer flachen Stelle durch den Fluß, suche mir auf der gegenüberliegenden Seite ein stilles Plätzchen und blättere etwas wahllos in meiner Reiselektüre. Da ist sie, die Stelle, in der Homer Pamphylien beschreibt: »Weiter formte der Gott ein wogendes Saatfeld, und auf ihm schritten mähende Schnitter mit scharfen Sicheln in Händen. Dicht in Schwaden sank ein Teil der Halme zu Boden, Garbenbinder umwanden die anderen mit strohenen Seilen…«. – »Das kenne ich auch«, sagt plötzlich eine Stimme hinter mir. »Adnan ist mein Name!« Aus einem kleinen Dorf unweit von hier stamme er, habe in Göttingen Architektur, Deutsch und Geschichte studiert und gerade seinen Doktor gemacht. Das alles erfahre ich in wenigen Minuten von dem jungen Mann, zu dem die Stimme gehört. »Kennst du Seleukeia?« fragt er mich plötzlich. – »Nein, nie gehört!« – »Dann möchte ich es dir zeigen.«

Brücken in andere Welten, Welten, die vergessen unter dem Pelz der Wälder schlummern, die Geschichte haben und Geschichten erzählen könnten, wenn man sie nur fände. Und ab und zu passiert es, daß man einen Menschen trifft, der so eine Brücke schlagen kann. Adnan war einer dieser seltenen Glücksfälle. Er zeigte mir nicht nur eine verlorene antike Stadt, sondern brachte mir auch sein eigenes Volk sehr nah. Wir fuhren ein Stück hinauf in das bergige Hinterland Pamphyliens in ein kleines Dorf namens Sihlar. Ein Dutzend ärmlicher Häuser, ein paar Storchennester, schmale Staubstraßen – das Ende der Welt. Adnan stellte mich seinen Eltern vor. Die Mutter, verhüllt von Kopftuch und Pluderhose, buk gerade Fladenbrot. Der Vater hockte auf einer Matratze, trank Tee und zog zeitunglesend an seiner Wasserpfeife. Fünf Geschwister, das jüngste kaum den Windeln entwachsen, versteckten sich scheu hinter Adnans Rücken. In diesem einen Moment spiegelte sich alles wider, was das Bild der Türkei ausmacht. Die gesellschaftliche Rolle von Mann und Frau, der Käfig der Tradition, die nicht vorhandene Familienplanung, auch Armut und dabei gleichzeitig der Wunsch, daß aus den Kindern etwas Besseres werde. Dazwischen Adnan, gebildet und gut gekleidet als Sinnbild einer jungen, fortschrittlichen Generation. Die liebevolle Neckerei mit seiner Mutter, der Respekt für seinen Vater, das alles wies auf ein intaktes Familienleben hin. Und die Art, wie mich alle völlig selbstverständlich mit in ihr Familiendasein einbezogen, mir Eiran brachten und heißes Fladenbrot – ja sogar an der scheußlichen Wasserpfeife mußte ich ziehen –, gab mir das Gefühl, daß diese Welt so völlig in Ordnung ist.

Am Nachmittag, als es etwas kühler geworden

**Das Ende der Welt**

war, zogen Adnan und ich los. Kurz hinter dem
Dorf stieg das Gelände an, erst sanft, dann steiler.
Durch einen lichten Kiefern- und Pinienwald
wanderten wir eine knappe Stunde bergan. Um
uns herum nichts als Frieden und totale Einsamkeit. Und dann lag oben auf dem Bergrücken wie
ein Nest Seleukeia. Eine riesige Agora, zweistök-
kige Häuser, dorische Säulen, ein kleiner Tempel,
die Grundmauern einer byzantinischen Kirche –
sie bilden das Zentrum einer antiken Stadt, von
der niemand etwas Genaues weiß. Keine Jahreszahlen pflastern den Weg der Geschichte, die hier
ihren Verlauf nahm. Kein Reiseführer sagt, wie es
war oder gewesen sein könnte! Hier ist jeder mit
seiner Phantasie allein gelassen. Sie kann sich
aufschwingen und durch endlose Räume fliegen
oder hineinstürzen in den noch immer sprudelnden Quellteich unter dem alten Feigenbaum. Vielleicht ist das Gesicht dort auf der Wasser-
oberfläche das eines Gottes oder das eigene.

# Ein Sufi und seine
# Tanzenden Derwische

Mein ganzes Leben liegt in diesen
drei Worten:
»Ich war unreif,
entflammte –
und wurde zur Glut«
*Mevlana Celaleddin Rumi*

Im Aufstieg zur anatolischen Hochebene wird es
immer heißer und trockener. Rechts und links des
Weges wogen goldgelbe Weizenfelder. Das weite
Hochland von Zentralanatolien mit seinen riesigen Steppenlandschaften, den vereinzelten grünen Oasen und ansonsten staubig-hitzigen
Ortschaften ist das Herzstück der Türkei. Leer ist
dieses Land, unendlich in seiner Weite, voll selt-
samer Ruhe – als ob Zeit und Menschen aufgehört
hätten, sich zu bewegen. Immer wieder sucht das
Auge in dieser kahlen Landschaft nach Abwechs-
lung, möchte sich irgendwo festhalten, orientie-
ren. Aus der sonnenverbrannten Ebene tauchen
ab und zu ärmliche Bauerndörfer auf – gelbbraune Lehmhütten, fast mit der Landschaft verschmolzen. Eine kurze Schrecksekunde – vor mir
ragt ein großer schlanker Galgen auf. Da wieder
einer und noch einer. Aufatmen! Es sind alte Zieh-
brunnen aus byzantinischen und seldschukischen Zeiten. Starr daneben, wie eine steinerne
Skulptur, steht ein Hirte, von Kopf bis Fuß in sein
zerfranstes Schaffell gehüllt. Und endlich kommt
etwas Bewegung in diese trostlose Steppe: das
emsige Trippeln schwarzer Ziegen, jener zähen
Tiere, die hier, in diesem von der Natur so benach-
teiligten Abschnitt unseres Planeten, von nichts

**Unendliche Weite – seltsame Ruhe**

*Wanderer zwischen den Welten – Nomadenleben in Hochanatolien*

anderem zu leben scheinen als von ihrem eigenen Gestank.

Nach mehreren Stunden Fahrt durch diese öde, wüstenähnliche Steppe fühle ich mich selbst wie ein Teil dieser Landschaft: leer, ausgebrannt. Depression, Wut, Einsamkeit und Orientierungslosigkeit sind einer tiefen Ruhe gewichen, der gelbbraune Lehmstaub hält mich wie eine zweite Haut umfangen. In und mit mir reisen die Bilder eines melancholisch verfallenen Zeitalters.

Fern voraus im hitzeflimmernden Dunst erhebt sich der schmale Zeigefinger eines Minaretts. Ein erstes Lebenszeichen von Konya, der Stadt der Seldschuken und eines Heiligen – besser einer ganzen Heiligendynastie, der Tanzenden Derwische. – Konya, die fruchtbare Oasenstadt am Ran-

de der zentralanatolischen Steppe und am Fuße
der Ausläufer des Taurus, gilt als die »Sitten-
wächterin« des Landes. Konservativ und religiös
lebt hier mehr als anderswo der Geist des alten
osmanischen Reiches fort. Daran konnten auch
die durchgreifenden Reformen Atatürks nichts
ändern. Atatürk war es auch, der 1926 den be-
rühmt-berüchtigten Mönchsorden der Tanzenden Derwische verbot und dadurch fast eine
Revolution ausgelöst hätte. Doch auch durch Verbote ließ sich der Ruhm des Ordens und seines
Begründers schmälern.

Jahr für Jahr pilgern immer größere Scharen
gläubiger Mohammedaner aus allen Teilen des
Landes und den islamischen Nachbarstaaten ins
ehemalige Mevlana-Kloster von Konya. Abgear-
beitete anatolische Bäuerinnen, hohe Regierungs-
beamte, Hochzeitspaare, ganz junge Menschen
und hinfällige Greise – sie alle stehen demütig
und ehrfurchtsvoll vor dem verhüllten Sarkophag des großen islamischen Mystikers, Philosophen und Dichters Mevlana Celaleddin Rumi
und erflehen mit offen dargebotenen Händen seinen und Allahs Segen. So wichtig ist dieser Meister für sie, daß eine Pilgerfahrt zum Mevlana-Kloster der vorgeschriebenen Reise nach
Mekka gleichgesetzt wird.

Wer war dieser Celaleddin Rumi, der von sei-   **Celaleddin Rumi**
nen Anhängern als Mevlana, als »Unser Herr und
Heiliger« verehrt wurde und wird? Um 1207 wurde Rumi in Balkh, im heutigen Afghanistan geboren. Bereits mit fünf Jahren kniete er als Schüler
vor dem Koranpult seines Vaters, der für ihn ein
großes Vorbild war. Sein Vater Bahaeddin Veled,
ein berühmter Arzt, Theologe und Philosoph, floh
vor seinen Neidern und den anrückenden Mongolen nach Persien. Doch er fühlte, dies war nicht

der ihm bestimmte Platz, an dem er lehren und leben sollte.

Auf die immer wiederkehrende Frage seiner Anhänger: »Wohin des Weges?« antwortete er: »Wir kommen von Gott und gehen wieder zu Gott. Wir kommen von einem raumlosen Ort und kehren wieder dorthin zurück.« So zog er mit seiner Familie weiter nach Mekka und Medina, von da aus nach Jerusalem, Damaskus, Aleppo und schließlich nach Anatolien. Dort ließ er sich im Reich der Seldschuken nieder, in dem Philosophen und Theologen ohne jede Einschränkung lehren durften. 1228 berief ihn der weltoffene Sultan Kaiqobad I. nach Konya, der Hauptstadt des Seldschukenreiches. Drei Jahre später starb Bahaeddin Veled, und sein Sohn Celaleddin Rumi übernahm den Lehrstuhl am Hofe des Sultans.

»Mevlana – Herr und Meister«

Nach dem Tode des Vaters und seines Lehrers Burhaneddin begann der junge Celaleddin seinen Unterricht in der Koranschule. Die Menschen scharten sich in Mengen um ihn, um in religiösen Dingen unterwiesen und in die Geheimnisse der Mystik eingeweiht zu werden. Rumi kannte das damals in den Medresen gelehrte islamische Recht, die Auslegung des Korans und die Koranwissenschaft sehr gut. Er vertiefte sich in das Gedankengut und die Werke führender indischer, iranischer und arabischer Philosophen, und während er die griechische Sprache erlernte, kam er in Kontakt mit den klassischen Werken der griechischen Philosophie. Seine Lehre wurde zunehmend mehr von einem ganzheitlichen Weltbild geprägt, das islamisches Gedankengut ebenso beinhaltete wie hellenistisches, christliches und buddhistisches. »Es gibt viele Wege zu Gott«, sagte Celaleddin Rumi, der fortan nur noch »Mevlana – Herr und Meister« genannt wurde,

»aber es gibt nur ein Ziel, die Vereinigung der Menschenseele mit dem Allerhöchsten«.

Die wahrscheinlich bedeutsamste Begegnung seines Lebens hatte Mevlana mit dem wandernden Sufi Schemseddin aus dem persischen Täbris, in dem er seinen eigenen Worten zufolge das »vollendete Vorbild des göttlichen Geliebten« fand. Lange Zeit trennten sich die beiden Weisen nicht mehr, gaben sich ganz der himmlischen Liebe hin, erblickten in sich selbst und dem anderen das göttliche Licht. Aus dem nüchternen Gelehrten Sufi Mevlana Rumi wurde ein ekstatischer Mystiker.

Aber da war Konya, dieses Konya, das Mevla- **Konya** na immer in seiner Mitte sehen wollte. Es gab keine plausible Erklärung, warum er sich so plötzlich zurückgezogen hatte von den religiösen Unterweisungen und den Vorlesungen und warum man ihn nicht mehr unter dem Volk sah. Es gab nur eine Lösung, Schemseddin mußte verschwinden. – Nach der Ermordung des geliebten Freundes verfiel Mevlana in tiefe Trauer. Verzehrt von Liebe und Sehnsucht, verfaßte er tiefempfundene mystische Ghasel-Gedichte. Man schrieb das Jahr 1250 – Schemseddin war gerade zwei Jahre tot–, da spazierte Mevlana Celaleddin in Konya durch die Gasse der Kupferschmiede, als er das rhythmische Hämmern der Handwerker vernahm. Aus einem inneren Zwang heraus breitete er plötzlich die Arme aus und begann sich zu drehen, wirbelte schneller und immer schneller. Er spürte, wie die Welt um ihn herum versank und seine Seele sich mit dem Schöpfer vereinigte. Dies war die Geburtsstunde des rituellen Tanzes der Derwische. Bald sah man überall vor den Moscheen Männer, die zu den Klängen einer magischen Musik im Wirbeltanz kreisten.

**Der Tanz der
Derwische**

Bis heute hat sich dieses Tanzritual, das an einen Sternenkult erinnert und »Sema« genannt wird, erhalten. Mevlana entwickelte dafür eine komplizierte Zeremonie, die in drei Phasen eingeteilt ist: Gott erkennen, Gott sehen und die Vereinigung mit Gott finden. Das Derwischkostüm symbolisiert dabei den Tod und die Zeit der Befreiung von früherer Knechtschaft. Der schwarze Mantel ist das Grab, der hohe Filzhut der Grabstein und der fliegende weiße Rock das Leichentuch. Im Verlauf des wirbelnden, rasenden Tanzes, der vom Scheich der Derwische angeführt wird, entfernen die Tänzer ihre Mäntel und verdeutlichen damit ihre Flucht aus der irdischen Welt. Während sie sich in eine fast unbegreifliche Ekstase hineinsteigern, richten sie die rechte Hand steil in die Höhe, während die linke Hand abwärts zeigt. Das bedeutet: »Was wir von Gott erhalten haben, geben wir den Menschen, während wir nichts als uns selbst besitzen.« Die Derwische drehen sich in dieser Phase des Tanzes wie rotierende Strahlenkörper um sich selbst und durch die Tanzhalle. Im dritten Abschnitt des Tanzes wird der Rhythmus der Trommeln, Holzkastagnetten, Streichinstrumente und der klagenden Rohrflöte immer schneller. Die Derwische wirbeln jetzt in beängstigender Ekstase durch den Raum, bis plötzlich die zarte Intonierung der Rohrflöte den höchsten Moment der Vereinigung mit dem Allmächtigen beschreibt – und der Tanz abbricht.

»Es gibt zahllose Wege, Gott kennenzulernen –
Ich habe den Tanz und die Musik erwählt.«
*Mevlana*

Wichtiger noch als die Annäherung an Gott durch den ekstatischen Tanz ist das literarische Werk Mevlanas, wobei es sicher falsch wäre, ihn nur als Dichter zu bezeichnen. Für ihn war die Gedichtform ein Mittel zur Übersetzung seiner Ideen, das Medium für sein mystisches Verständnis. Mevlana war auch kein Philosoph im herkömmlichen Sinn. Ihm reichte eine Philosophie, die nur auf Realität und intellektueller Logik beruhte, nicht aus. Sein Mißtrauen gegen die konventionelle Philosophie drückte er so aus: »Der Intellekt hat keine Erklärung für die Ekstase der Liebe. Nur Liebe selbst kann ihre eigene Begeisterung und echte Hingabe erklären.«

**Mevlana und sein Werk**

Mevlana war vor allem ein islamischer Mystiker. Seine Gedichte, seine Kunst und sein Gedankengut sind Aspekte seines Sufismus. Aber im Gegensatz zu vielen Sufis war er kein Einsiedler. Offen verkündete er allen Menschen seine Botschaft. Sein mystischer Weg war eingebettet in das tägliche Leben des Islam. Er beruft sich auf die »Liebe« als größten Antrieb und als Wegweiserin. Geistige Hingabe ist nach seinen Worten der wahre Weg zur Erleuchtung.

> »Sei nicht ohne Liebe,
> damit Du nicht ohne Leben bist.
> Stirb in der Liebe,
> damit Du am Leben bleibst.«
> *Mevlana*

Mehr als 70 000 Verse hat der Sufimeister in seinem 66jährigen Leben verfaßt. Sein literarisches Hauptwerk, das »Masnavi«, umfaßt Meditationen, Anekdoten, beispielhafte Erzählungen und Korandeutungen sowie rund 26 000 persische Verspaare und gilt als großartigstes Werk islamischer Mystik überhaupt. Mevlanas »Diwan i Kabir« ist mit 40 380 Versen die größte Gedicht-Sammlung islamischer Literatur. »Fihi-Mafih« heißt das Prosawerk Celaleddin Rumis und ist in Persisch abgefaßt. Es beinhaltet seine aufgezeichneten Gespräche und Diskussionen mit anderen Mystikern.

In den östlichen Ländern, insbesondere im Iran, in Pakistan, Indien und Afghanistan, gehören die Werke Mevlanas zur klassischen mystischen Literatur und sind bis in die Schulbücher vorgedrungen. Friedrich Rückert (1788–1866) übertrug die Dichtungen Mevlanas ins Deutsche.

»Sucht mein Grab nicht in der Erde,
sondern in der Seele derer,
die mich von ganzem Herzen suchen.«
*Mevlana*

**Der Tod als Wiedergeburt**

Am 17. Dezember 1273 starb Mevlana Celaleddin Rumi. Für ihn war der Tod die Wiedergeburt, eine Hingabe an die göttliche Liebe, die er sein Leben lang gesucht hatte – und die letzte Wirklichkeit, ein Einvernehmen, an dem er bereits während seiner irdischen Existenz teilhatte. Die Nacht seines Todes beschrieb er als Nacht der Vereinigung, in der das körperliche Wesen das Wesen des Universums und auf diese Weise das ewige Leben erreichen würde.

Der Geist des Mevlana aber lebt über Zeit und Raum hinweg fort. Jedes Jahr besuchen an seinem Todestag Tausende von Menschen sein Grab. Und die Derwische von Konya tanzen noch heute: Der Sema wird beim Mevlana-Festival jedes Jahr am 17. Dezember aufgeführt.

Der Orden der Tanzenden Derwische, den Rumi gegründet und sein Sohn, Sultan Veled, entscheidend ausgebaut hatte, wurde zur mäch-

tigsten religiösen Bewegung des kämpferischen
Islam. Er fand seine finanziellen Gönner und fa-
natischen Anhänger bis an die Grenzen des christlichen Abendlandes. Große Stiftungen ermög-
lichten den Bau von Klöstern in ganz Kleinasien.
Dem Oberhaupt des Ordens war es vergönnt,
dem Sultan als Zeichen seiner Inthronisation das
Schwert zu überreichen. Damit hatte der Der-
wisch-Orden großen politischen Einfluß im spä-
teren Osmanischen Reich. Er war in seiner
Haltung streng konservativ und allen weltlichen

*Der Tanz
der Derwische
(historischer Stich)*

und westlichen Reformbestrebungen gegenüber tief abgeneigt. Die militanten Mönche zählten zu den gefürchtetsten Kämpfern innerhalb der osmanischen Truppen.

Heute, Jahrzehnte nach der Auflösung des Ordens durch Atatürk, scheint die Verehrung für den Schöpfer der Tanzenden Derwische innerhalb der Türkei noch zuzunehmen. Schon früh am Morgen stellen sich die Pilger vor dem noch verschlossenen Tor des zu einem Museum umgewandelten Klosters an, um einen Blick auf den verhüllten Sarkophag des größten und intelligentesten Mystikers der osmanischen Geschichte zu werfen.

Konya ist heute noch ein einziges großartiges Freilichtmuseum seldschukischer Baukunst mit kunstvollen Moscheen und Medresen, doch das ehemalige Derwisch-Kloster ist leicht zu finden. Weithin sichtbar steigt über dem Mausoleum Mevlanas ein mehr als zwanzig Meter hoher fayencenverkleideter smaragdgrüner Turm auf.

**Die Tradition der Derwische**

Keinem Emir und keinem Sultan baute man jemals ein prachtvolleres Grabmal. Im Inneren des Klosters scheint die Zeit vor 700 Jahren stehengeblieben zu sein. Durch den blumengeschmückten Innenhof huschen lautlos ein paar Gestalten. Am »Brunnen der Hochzeitsnacht« versammeln sich die Derwische am Todestag Celaleddin Rumis, um ihren großen Meister zu ehren. Tiefer Frieden liegt über der klösterlichen Anlage. Nur aus dem Inneren klingt leise klagend Derwisch-Musik.

Am Eingang zum Mausoleum drängen sich die Pilger. Barfüßig und mit verhülltem Haupt werden sie an den Sarg Mevlanas treten. »Diese Stätte ist die Kaaba der Liebenden. Hier hat man die Vollkommenheit erlangt«, heißt der persische Spruch über dem Eingangsportal. Durch eine

kleine überkuppelte Kammer, in der früher Ko-
ranlesungen gehalten wurden, gelangt man vorbei an den Gräbern der Ordensoberen zu den
reichgeschmückten Sarkophagen Mevlana Cela-
leddins, seines Vaters und seines Sohnes. Weich
fällt das Licht von den kostbaren Leuchtern auf
die kalligraphiegeschmückten Säulen, hüllt den
brokatüberzogenen Sarkophag des Meisters in
ein mystisches Halbdunkel. Ab und zu blitzen die
Goldfäden des Brokates wie Kometen am Nacht-
himmel auf. Dieses Bild erinnert an den Lebens-
weg des Sufis. Wirbelnder Tanz war die Nahrung
seiner Seele, denn die ganze Schöpfung tanzt,
vom Sonnenstäubchen bis zu den Sternen des
Universums.

Auch nebenan im Semahane, dem Kultraum
des Derwischtanzes, ist der Geist Mevlanas allge-
genwärtig. Vitrinen bewahren die ältesten Exem-
plare seiner Dichtungen »Diwan i Kabir« und
»Masnavi« auf, seine Kleidungsstücke, kostbare
Geschenke und Musikinstrumente für die Sema-
Zeremonie.

Was ist es, das diesen großen morgenländi-
schen Sufi-Meister so unvergeßlich macht? Sein **Unvergeßlicher**
umfangreiches literarisches Lebenswerk, sein un- **Sufi-Meister**
gewöhnlicher Tanzkult, der in der Ekstase die
Vereinigung mit Gott suchte? Ja, das sicher auch!
In den eigenen Worten Rumis finden wir vielleicht die Erklärung: »Mein Gott schuf mich aus
dem Wein der Liebe. Tot oder verwest werde ich
zu derselben Liebe.« Was immer er in seinem
Leben tat, war durchdrungen von dieser allum-
fassenden Liebe. In jedem Wesen, jeder Naturer-
scheinung sah er den Schöpfer. Er liebte die
Menschen ohne Unterschied von Rasse, Religion
und Bildung. Das mögen sie gespürt haben. Für
seine Umarmung der ganzen Welt lieben sie ihn

heute noch. Sein Geist hat den Geist des Ordens der Tanzenden Derwische geprägt und findet sich in einer Inschrift des Klosters:

>»Komm, komm wieder, komm . . .
auch Du Ungläubiger,
Götzenverehrer oder Feueranbeter.
Hinter unserer Klosterpforte
wohnt nicht die Hoffnungslosigkeit.
Und hast Du auch hundertmal geschworen
und immer wieder Deinen Eid gebrochen,
komm, komm wieder, komm . . .«

**Von Ikonion zu Konya**

Verweilen wir noch einen Augenblick in Konya, dieser Stadt, die bereits vor 5000 Jahren existierte. Ihr antiker Name »Ikonion« ist wahrscheinlich phrygischer Herkunft, und um die Deutung rankten sich schon im Altertum die aufregendsten Legenden. Medusa, so heißt es, soll hier vom Helden Perseus bezwungen und in Stein verwandelt worden sein. – Unter den Römern hieß die Stadt Iconium, und unter diesem Namen taucht sie auch in der Bibel auf. Wie überall in Kleinasien hatte das Christentum in Zentralanatolien früh Einzug gehalten. Aus der Apostelgeschichte wissen wir, daß Paulus mit seinem Begleiter Barnabas in Iconium missionierte.

Bedeutsamer noch erscheint in diesem Zusammenhang freilich das antike Lystra – etwa dreißig Kilometer südwestlich von Konya, wo Paulus seinen Lieblingsschüler Timotheus fand und einen Gelähmten heilte. Nachdem er allerdings die leidenschaftlichen Dankesbezeugungen der Bevölkerung als gottloses Blendwerk schmähte, wurde er fast zu Tode gesteinigt.

Für ganz Anatolien und auch für Iconium wurde das Jahr 1071 zu einem geschichtlichen Meilenstein.

Als die Seldschuken, das nomadisierende Rei-    **Die Seldschuken**
tervolk aus dem Inneren Asiens, in der Schlacht
von Malazgirt das byzantinische Heer schlugen,
begann die türkische Herrschaft über Anatolien.
Und damit siegte der Islam über das Christentum,
ohne es allerdings zu vertreiben. Die Rum-Sel-
dschuken – das sogenannte »Sultanat im Westen«
– waren tolerant gegenüber Andersgläubigen, ließen Ehen zwischen Ungläubigen und Muslimen
zu, verfolgten weder die Armenier noch die Ne-
storianer, die weiter ihrem Glauben nachgehen
konnten.

Konya, das römische »Iconium«, war im Jahr
1109 erobert worden und wurde rasch zum Symbol seldschukischen Machtanspruchs und kultureller Neuordnung. Die imposanten Baudenkmäler dieser Epoche sind heute noch in ungebro-
chener Vielfalt vorhanden. Da leuchten im Abendlicht die prachtvollen Kuppeln der Moscheen und
Medresen (Koranschulen). Die Mehrschiffigkeit
der großen und kleinen Kuppeln spätantiker und
byzantinischer Kirchenarchitektur wurde in den
seldschukischen Stadtmoscheen wiederaufge-
nommen, kombiniert mit dem muslimischen
Raumprogramm für Brunnen und Waschanla-
gen, für Gebetsnische und Kanzel. Und gleichzeitig überlebte in Dächern und Portalen, Stuck und
steinernem Ornament die Bilderwelt der nomadi-
schen Kultur, verwoben mit persischen Einflüssen. Versteinerte Zelte, geraffte Baldachine in
kunstvolles Mauerwerk verwandelt; verzauberte
Blumen, Vögel und Zweige, in Stein gehauene
Teppiche, die zu verschlungenen Spielfeldern
von Licht und Schatten werden. Noch immer breitet der kostbare Schmuck von blauen und grünen
Fayencefliesen über die Innenräume der Gottes-
und Schulhäuser einen eigentümlichen Glanz.

Dies waren die Zentren, in denen sich eine leidenschaftliche und hingebungsvolle Mystik entfaltete, die dem Geistesleben der seldschukischen Zeit eine neue Dimension hinzufügte. Der Weg zur Versenkung in Gott, der Gottesliebe bis zur Aufgabe des eigenen Selbst-Bewußtseins, war von den Mystikern Persiens nach Anatolien gebracht worden. Diese Art der Gottessuche erreichte in der Lehre Mevlana Celaleddin Rumis ihren Höhepunkt. Heute noch, siebenhundert Jahre nach dem Tod des großen Sufis, ist dieses seltsam zeitlose Konya ein Beispiel dafür, wie der Glaube beschaffen sein muß, wenn er mehr als nur ein flüchtiges Zeitalter überleben will.

# Eine Reise ins Land der Feen und Zwerge

Der Himmel spannt sich in seinem schier ewigen, ausdruckslosen Blau über baumlose Berge und ausgedörrte Ebenen. Welch Kontrast zu der blühenden Oasenstadt Konya. Verschlossen wirkt dieses anatolische Hochplateau, faszinierend in seiner Weite, unheimlich in seiner Stille. Und doch gab es eine Zeit, da rauschten Wälder rings um die trostlose Einöde; Wälder, voll von Leoparden, Hirschen und riesigen Rindern. Zur Zeit der Schneeschmelze verwandelten sich die Flüsse und Wasserläufe in reißende Ströme und schenkten dem Land reiche Fruchtbarkeit. Paradiesische Zustände müssen das gewesen sein. Den Menschen, die hier vor 10 000 Jahren gelebt haben, dürfte es an nichts gefehlt haben. – Menschliche Besiedlung vor 10 000 Jahren – reine Vermutung, Phantasie, Mythos? Nein – seit dem Jahr 1961, als der Archäologe James Mellaart den vierzig Kilometer südlich von Konya gelegenen Schutthügel Çatal Hüyük ausgrub, wußte man es mit Sicherheit: Die Geschichte der Menschheit mußte umgeschrieben werden.

**Weite und Stille**

Alles, was wir bis vor 30 Jahren über die Entwicklung der Geschichte zu wissen glaubten, ist durch diesen staubigen Hügel in der endlosen graugelben Landschaft hinfällig geworden. Ein

paar Grabungslöcher, ein übergroßer Maulwurfs-
haufen, darum herum rankt sich ein rostiger
Drahtzaun. Blickt man heute auf das, was von
Çatal Hüyük übrig ist, so versteht man kaum, daß
diese »Stadt« eine der aufregendsten menschlichen Siedlungen sein soll, die je entdeckt wurden.
Eine Stadt, die fast 9000 Jahre alt ist! Vergessen
können wir unser Schulwissen, vergessen auch
die Zeittafeln, die einen Überblick zu geben versuchen, wann der Mensch seine ersten Städte gegründet hatte, wann er Jäger, Bauer, Handwerker
und Künstler wurde.

Bis durch die Spaten und Hacken der Archäologen andere Mythen und Legenden der Menschheitsgeschichte ihre Bestätigung finden, ist Çatal
Hüyük vorerst einmal der Ort, an dem die älteste
Stadt der Welt entdeckt wurde. Diese Stadt ist
wahrscheinlich von mehr als 3000 Menschen bewohnt gewesen, und ihre Blütezeit lag zwischen
6500 und 5600 vor Christus. Sie war sechsmal so
groß wie das berühmte Troja und fast 5000 Jahre
älter. Orte wie Ur und Jericho nehmen sich im
Vergleich dazu fast bescheiden aus.

**Çatal Hüyük**    Wer Çatal Hüyük besucht, muß das Wissen der
Archäologen und seine ganze Vorstellungskraft
bemühen, um aus diesem zertretenen Maul-
wurfshügel die Bilder eines der ganz großen
Abenteuer der Menschheit aufsteigen zu lassen.
Da gab es eine Kultur, die sich in den gleichen
Kreislauf einfädelte, den wir aus unserer eigenen
Vergangenheit kennen. Ein namenloses Volk baute seine Stadt wie eine Festung, lebte darin, begrub unter den eigenen Häusern seine Toten,
verehrte bereits eine allgewaltige Mutter-Gott-
heit. Diese Stadt wuchs rapide. Zuerst kam der
Wohlstand, dann die Überbevölkerung. Am Ende
der Ausgrabungsschicht, die die Zeit um 5800 vor

Christus kennzeichnet, gab es eine verheerende
Katastrophe unbekannter Ursache. Langsam er-
holte sich Çatal Hüyük wieder, abermals stellte
sich Wohlstand ein und wieder Zerstörung.
Selbstzerstörung? Vieles weist darauf hin, denn
Anzeichen von Naturkatastrophen oder von ge-
waltsamem Eindringen Fremder wurden nicht
gefunden. Çatal Hüyük liegt mehr als 160 Kilometer vom nächsten Meeresküstenpunkt entfernt. Dazwischen ragen riesige Berge und
zerklüftete Landschaften auf. Vor 9000 Jahren
muß der Weg zum Meer ein waghalsiges Unternehmen gewesen sein. Und doch müssen die
Menschen Höhenzüge, Täler und reißende Flüsse
überwunden haben und hinunter an die Küste
gelangt sein. In Çatal Hüyük fand man Kaurimu-
scheln und Schneckenschalen, die bis zu unserer
Zeit von einer Reihe afrikanischer und asiatischer
Völker als Geld benutzt wurden. Längst vor der
Zeit schriftlich beurkundeter Menschheitsgeschichte haben die Menschen hier also Handel mit
seefahrenden Völkern betrieben.

Die bemerkenswertesten Funde in Çatal Hü- **Kultfiguren und**
yük sind Kultfiguren und die Wandmalereien der **Wandmalereien**
Kultschreine. Da gibt es Hunderte kleiner Tonfi-
guren, die alle eine weibliche Figur mit riesigen
Brüsten und vorgewölbtem Fettbauch darstellen.
Sie gehören zu den ältesten Skulpturen der Welt.
Und es liegt nahe, daß die erste Leitgestalt, die
erste Gottheit der Menschen, eine Frauenfigur
gewesen ist, eine »Große Mutter«, die von den **Die »Große**
Urmenschen als Quelle allen Daseins verehrt **Mutter«**
wurde.

Jahrtausende später werden die Menschen immer noch das gleiche tun, indem sie ihre Lobprei-
sungen an Gott und die Heilige Jungfrau in Stein
meißeln. Heimlich und im Verborgenen schrei-

ben sie über viele Jahrhunderte ein ununterbro-
chenes »Halleluja« und »Kyrie eleison« an gelbe,
weiße und aschefarbene Wände und Klöster unter der Erde, und es bleibt für uns Nachgeborene
erhalten. Der Ort, an dem dieser schöne, fanatische Glaube haftet, liegt kaum achtzig Kilometer
von Çatal Hüyük entfernt, im Tal von Göreme,
was bezeichnenderweise heißt »Du sollst nicht
sehen«.

In Kappadokien und im Tal von Göreme, wo
die Menschen noch in einer Zeit leben, wie sie vor
Atatürks Reform ausgesehen hat, kommen wir in
eine der märchenhaftesten Landschaften der
Welt. Diese sich endlos dehnende Hochebene im
Inneren Anatoliens ist das Land der weiten Horizonte, braunverbrannt und staubgrau unter stäh-
lernem Himmel, den früh das Licht entzündet.

*Im Reich der Feen
und Zwerge: Natur-
wunder Kappadokien*

Stunde um Stunde brennt die Sonne unbarmher-
zig nieder, läßt mich jeden Sinn für die Realität
verlieren. Verwirrende Luftspiegelungen tauchen vor meinen müden, geblendeten Augen auf.
Die Erde scheint sich aufzutun, unter mir liegen
canyonförmige Schluchten, bunte Gesteins-
schichten, dann hinter einer Wegbiegung ein
Wald von Türmen, Kegeln und Pilzen. Wie versteinerte Figuren sehen diese Gebilde aus, wie
eine Versammlung von Ku-Klux-Klan-Männern.
Steinerne Augen schauen mich mit verwüsteten
Blicken an, im Schrei erstarrte Münder, Drachen
und Fabeltiere, steinerne Arabesken, Visionen eines Dalí-Gemäldes. Halluzinationen – surreale
Träume? Nein, eine groteske Welt voll praller
Wirklichkeit im Augenblick ihrer heftigsten Bewegung. Und alles ist plötzlich und unwiderruf-
lich zu Stein erstarrt.

Diese fast unwirkliche Landschaft Kappado-          **Vulkane und**
kiens ist ein Weltwunder. Eines, das nicht von      **Urkräfte**
Menschen erdacht und gebaut wurde, sondern
aus sich selbst heraus entstand. Geformt und gebildet aus den übermächtigen Kräften der Natur.
Der Eriyas Dagi und der Hasan Dagi, deren
schneebedeckte Profile ganz Kappadokien be-
herrschen, waren die mächtigsten und zugleich
lästigsten Vulkane Kleinasiens. Über Jahrmillio-
nen hinweg schleuderten die feuerspeienden Berge immer wieder Massen von Lava, Lapilli und
Felsbrocken auf das Land unter sich. Diese Mate-
rialien setzten sich ab, wurden durch die geologi-
sche Sedimentation in den darauffolgenden
Perioden befestigt und formten ein Felsplateau.

Was Geo-Morphologen in Logik und Sachlich-
keit über die Entstehung dieses Gebietes zu berichten wissen, muß für den, der sich von dem
Zauber der Landschaft gefangennehmen läßt, et-

wa so klingen: In grauer Vorzeit war es, da versammelte die Natur ihre gestaltenden Kräfte Zeit, Wasser und Wind auf dem Felsplateau und gab ihnen den Auftrag, ein großes, künstlerisches Werk zu schaffen. Eines, das alle Arbeiten von Bildhauern, Steinmetzen und Architekten übertreffen sollte. Ein Werk, in jedem Augenblick vollkommen, doch in keiner Sekunde gleich. Ein bewegtes und sich ständig veränderndes Kunstwerk. Und so geschah es.

**Ein Weltwunder der Natur**
Flüsse schnitten sich tief in das mächtige Tuffgestein, Regen und Wind formten die stehengebliebenen Schichten zu einzigartigen pittoresken Formen. Auf vielen hundert Quadratkilometern ragt eine lunare Felslandschaft in den Himmel: steinerne Wälder, Pfeiler und Nadeln, Knollenpilze, rosafarbene Schluchten, gigantische pockennarbige Schollen, Termitenbaue, Erdpyramiden, zerdrückte Zuckerhüte aus Stein, zipfelmützige Zwerge, Felsendome. Versteinerte Märchenwesen scheinen das zu sein, von Feen in zarte Farben getaucht. Je nach Tageszeit und Lichteinfall leuchtet die Erde grau, gelb, grün und ocker. Weiche Rottöne sind die Farben des frühen Morgens, das blendende Weiß gehört dem Mittag, und sanftes Lachsrot und Violett hüllen die phantastische Welt Kappadokiens abends ein.

Diese Landschaft, die aussieht, als hätte sie sich die eigenwilligsten Masken vors alte, geduldige Antlitz gezogen, verändert sich ständig. Die Erosion kennt keinen Stillstand, und auch die Heerscharen von Besuchern, die heute in die bizarrste Sehenswürdigkeit der Türkei eindringen, haben dem weichen, feinen Tuffgestein tiefe Wunden zugefügt.

Wer Kappadokien durchfährt, durchreitet, erwandert, wird noch etwas verspüren können von

den ungeheuren vulkanischen Kräften, die die
Erde bindet. Überdeutlich und eruptiv stülpt das
Innerste sich nach außen, legt sich frei in einem
fast unheimlichen Formenreichtum. Ein dramati-
sches Land ist diese Welt aus steingewordenen
Fabelwesen. Das Bühnenbild für die Tragödie, die
sich über Jahrtausende hier abspielte, kreierte die
Natur, das Szenario erschuf der Mensch. Kappadokien hat Geschichte und Geschichten zu erzählen, traurige und bewegte, alltägliche und
nichtalltägliche. Ihnen sind wir auf der Spur.

Seit urgeschichtlichen Zeiten sind die Menschen bezaubert von den geologischen Formen
Kappadokiens. Sie haben sie mit Mythen und
Legenden bevölkert und manchmal auch zu ihrem eigenen Wohnsitz erwählt. Zu diesen Menschen gehören die neolithischen Völker, die im 8.
und 7. Jahrtausend vor Christus in Hacilar und
Çatal Hüyük lebten. Mit dem Übergang zur Kup-
fer- und Bronzezeit entwickelte das Gebiet eine
eigene ethnisch-kulturelle Ausprägung, die in
der im 3. Jahrtausend vor Christus entstandenen
Hatti-Kultur mit Kanesch als Reichshauptstadt
mündete. Dieses Kanesch, nahe der Stadt Kayseri,
wird heute Kültepe genannt. 1000 Jahre später
verschmolzen die Hatti mit dem eingewanderten **Hatti und Nesa**
Volk Nesa, und daraus entstand die großartige
Kultur der Hethiter, die sieben Jahrhunderte lang
die Geschichte des Nahen Ostens bestimmte. Die
königlichen Dynastien der Hethiter standen an
der Spitze eines Reiches, das gegen die Babylonier
kämpfte, um die Grenzen des pharaonischen
Ägypten zu erreichen.

Später wurde Kappadokien, das damals noch
ein wesentlich größeres Gebiet als heute umfaßte
– und sich zwischen Euphrat, Kizilirmak und
Taurus erstreckte –, zwischen den Lydern und

*Hethitische Fels-*
*inschriften nahe dem*
*Dorf Agilli*
*(Kappadokien)*

Medern aufgeteilt. Auf- und Niedergang von
Weltreichen – Kampf, Blutvergießen, Hunger und
Elend ergossen sich über das herrliche Naturwunder Kappadokien. Jahrtausende werden zu
einem in Stein gegossenen Augenblick. Geschichte läuft im Zeitraffer vor dem geistigen Auge ab.
Namen, nichts als Namen sind geblieben. Keine
Baudenkmäler, keine Spuren. Kappadokien als
Teil der persischen Satrapie. Vergeblich erhoben
sich die Einwohner in den Jahren 404 und 362 vor
Christus gegen den über das Reich hinwegfegen-
den Makedonier Alexander den Großen. Dann
erschienen die Römer und annektierten das Gebiet im Jahre 66 vor Christus. Erstmals haben wir
sichtbare, greifbare Zeichen ihrer Anwesenheit.
Zernagte Festungswälle und Zitadellen zeugen
noch immer von der römischen Militärmacht.

Hier auch – zur Zeitenwende – wollen wir das
Rad der Geschichte anhalten. Es erscheint mir wie
ein Anachronismus, daß ausgerechnet die glück-
verheißenden Störche in Scharen in den Felsni-
schen und auf den Tuffsteinkegeln der kappa-
dokischen Landschaft ihre Nester bauen. Denn
den Menschen, die hier siedelten, war wenig
Glück beschieden. Sie schufen inmitten der be-
stürzenden Vielfalt von Formen und Farben eine
Zivilisation des inneren Erdkreises. Wie gefräßige
Wühlmäuse gruben sich bereits die prähistori-
schen Siedler mit ihren primitiven Werkzeugen
in den weichen Tuffstein, schufen unterirdische
Wohnhöhlen und bauten sie zu ganzen Siedlungen aus. Ihr Himmel wurde die fahlschimmernde
niedrige Decke aus Tuffstein, ihre Sonne das spar-
sam einfallende Tageslicht.

Anfangs waren es wohl die klimatischen Be-
dingungen, die die Menschen unter die Erde trieben. Die strenge frostklirrende Kälte der anatolischen Winter wird in diesen Höhlen nämlich
ebenso gemildert wie die erdrückende Hitze des
Sommers.

»Ehre sei Gott in der Höhle« läßt sich das Ka-   **Im Schutz der**
pitel überschreiben, dessen Schauplatz Kappado-   **Höhlen**
kien zur Zeitenwende wurde. Denn diese Höh-
lensysteme – die sich über ein viel größeres Gebiet
erstrecken, als gewöhnlich angenommen wird –
dienten in der frühchristlichen Periode den Menschen als Unterschlupf vor den römischen Verfolgern. In den darauffolgenden Jahrhunderten
waren es vor allem die häufigen Einfälle der Araber und Perser, die die zahlenmäßig starke christliche Bevölkerung in die Unzugänglichkeit und in
den Schutz der unterirdischen Regionen eintauchen ließen. Es läßt sich nur noch vermuten, wie
viele Menschen ein Maulwurfsdasein im Erdin-

neren führten. Nachdem zeitweise in ganz Kappadokien an die 300 000 Christen gelebt haben, kann man davon ausgehen, daß rund zehn Prozent von ihnen ständig in unterirdischen Zufluchtsstätten untergebracht waren.

Fast 2000 Jahre lang bewohnte eine tiefgläubige Bevölkerung diese lichtlosen Labyrinthe und entwickelte eine Kultur, die in ihrer Art einzigartig gewesen ist. Getragen von ihrem unerschütterlichen Glauben, der allen Verfolgungen und Anfechtungen standhielt, schufen sie eine Welt, die nur einem huldigte, ihrem Gott! So entstanden die

**Höhlenkirchen** berühmten Höhlenkirchen und Mönchsiedlungen von Göreme, Ürgüp, Zelve und Ortahisar. Hunderte und Aberhunderte, und niemand weiß, wie viele ihr Geheimnis noch unentdeckt hüten.

Staunend stehen wir heute in diesen schwer zugänglichen Höhlen vor Säulen, Pfeilern, Arkaden und Apsiden im byzantinischen Stil, oft angereichert mit armenischen und assyrischen Formen. Doch nicht allein das Architektonische fasziniert, sondern die in mystisches Halbdunkel getauchten Heiligenbilder. Es ist schwer vorstellbar, wie jene Menschen, die wie Lemuren lebten und auf die Unsterblichkeit hofften, im spärlichen Schein von Öllampen solche Kunstwerke erschaffen konnten. Die gläubigen Christen bemalten ihr unterirdisches Domizil mit den eigenartigsten und symbolträchtigsten Formen und Zeichen, mit herrlichen Fresken, die durch die Dämmerung leuchten und teilweise ausschauen, als wären sie erst kürzlich fertiggestellt worden.

Immer noch finden anatolische Hirten und Bauern bisher verborgene Eingänge zu uralten Höhlensystemen und Kammern. Immer noch entdecken Wissenschaftler und Archäologen weitere Kirchen, Klöster und Grabstätten. Manchmal

scheint es fast, als wollte die alte zerschundene
Erde Kappadokiens sich ihre Geheimnisse nur
mühsam entreißen lassen, noch etwas bewahren
für die, die nach uns kommen. Damit auch sie ein
Stück des aufrechten Glaubens, der sich hier ma-
nifestiert und so viele Jahrhunderte überlebt hat,
mitnehmen können. Die Zeit der Bilderstürmer
gehört der Vergangenheit an, die der Bilderzer-
störer nicht. Denn viele der einmaligen Wandmalereien wurden von Touristen mutwillig zer-
kritzelt und teilweise bis zur Unkenntlichkeit zerstört.

Immer noch wird, wenn von dem Naturwunder Kappadokien berichtet wird, fast ausschließlich von der Märchenlandschaft des Göreme-Tals
gesprochen. Doch sei hier vorweggenommen,
daß Göreme, Ürgüp und Zelve zwar die bekanntesten und am häufigsten von Touristen aufge-
suchten Attraktionen sind, daß es aber in der
weiteren Umgebung noch wesentlich interessan-
tere und auch sensationellere Höhlenstädte gibt.
Nirgendwo allerdings ist die Geschichte dieser
Landschaft so dicht, so reichhaltig abzulesen wie
im Göreme-Tal. Denn vom 6. bis 9. Jahrhundert
war Göreme ein bedeutendes Zentrum des Christentums. Zwischen Schichten hellgelben Lehms,
zerrissenen Canyons und windgeschützten Mulden, in denen zarte Weinpflanzen auf braunrotem
Boden wachsen, verstecken sich teils über, teils
unter der Erde mehr als 400 bekannte Gotteshäuser und Eremitagen. Niemand weiß, wie viele
noch unentdeckt in den hitzegeschwängerten
Talkesseln ihr Dornröschendasein führen.

**Göreme –
bedeutendes
Zentrum des
Christentums**

Am dichtesten drängen sich Kirchen, Klöster,
Kapellen und Refugien in Zelve, Mustafa Pasha,
Avcilar, Uschisar und Ortahisar. Diese Dörfer lie-
gen sehr nahe beieinander und bilden in ihrer

*Bilder des Glaubens –
Wandmalereien in
den unterirdischen
Kirchen und Klö-
stern Kappadokiens*

Gesamtheit das Tal von Göreme. – Man steigt zu
Kirchen über schmale Leitern hinauf oder
schlüpft wie eine Wühlmaus durch die engen
Eingänge unter die Erde.

Die Fresken und Wandbildnisse im Inneren
der Kirchen zählen insgesamt zu den bemerkenswertesten Beispielen byzantinischer Kunst. Trä-
ger dieser Kunst waren Mönche, deren große
Masse aus dem Volk hervorging – altmodisch und
konservativ in ihrer geistigen Haltung. Es sind
fast manische Darstellungen der christlichen Mythologie. Einige Kirchen verraten allein schon
durch ihren Namen den geistigen Hintergrund.
So etwa die »Schlangenkirche«, die »Kirche mit
den Bauernsandalen« oder die »Dunkle Kirche«,

deren Inneres zu bersten scheint unter dem Ansturm farbenprächtiger und intensiv leuchtender
Wandmalereien. Und manche Kirchen sind mit
ihren strengen und merkwürdigen Darstellungen
und symbolträchtigen Zeichen Beispiele für die
ikonoklastische Stufe des Bilderverbotes im 7.
und 8. Jahrhundert.

Kappadokien ist ein Land, das erobert werden
will. Die wahren Juwele liegen abseits der
Asphaltstraßen. »El Nazar«, auch die »Versteckte **El Nazar**
Kirche« genannt, ist so ein Juwel. Ein einstündi-
ger Fußmarsch durch eine Landschaft, die aussieht wie ein aufgeschnittener Emmentaler. Kurze
Teepause in einem kleinen Höhlenrestaurant. Der
Wirt kennt eine Abkürzung, schickt mich über
einen schmalen Treppenaufgang hügelan. Ich
komme mir vor wie Sisyphus. Zwei Schritte vor-
wärts – der mehlfeine Tuffstaub gibt unter mir
nach, ich rutsche zurück. Schweißgebadet errei-
che ich die Hügelkuppe, muß auf der anderen
Seite wieder hinunter und ein Flußbett durchque-
ren. Ich würde es lieber durchwaten, umspült von
kühlem Wasser. Doch da ist nichts als eine unge-
ordnete Steinwüste, die sich in gelber und asch-
farbener Erstarrung durch das Tal windet. Den
nächsten unwirtlichen Hügel hinauf. Kein Baum,
kein Strauch, der Schatten spendet. Die Sonne
brennt mir die Geschichtlichkeit dieser Landschaft in jede Pore, jede Zelle ein. Schicksale, die
sich Generation um Generation wiederholten.
Thema mit Variationen: Menschen, entmutigt
und gedemütigt, waren bereit, jedes Opfer auf
sich zu nehmen. Sie ließen sich quälen, erniedri-
gen, totschlagen; sie nahmen willig die schmerz-
hafte Krone des Märtyrertums auf sich. Nur eines
taten sie nie: ihren Glauben an Gott verleugnen.
Dieser Gott ihrer bildhaften Darstellung thront

dort oben auf dem Hügel unter dem zipfelmützi-
gen Dach der Kirche »El Nazar«: Christus Panto-
krator milde lächelnd, umgeben von Legenden
und Heiligenbildern. Weit reicht der Blick vom
Höhlenportal der »El Nazar« über die wildge-
zackte Ebene des Göreme-Tals. Eine einsame und
heroische Landschaft, über die sich ein hitzeflir-
render Himmel spannt. – Letzte Nacht, aus dem
schmalen Schlitz meiner Schlafhöhle betrachtet,
wirkte er samtweich und versöhnlich, und als
Hoffnungsträger blinkten Millionen Sterne hernieder. Eine kurze Schreckensvision tauchte aus
meinem Inneren auf, daß für die gesamte Menschheit eine Zeit kommen könnte, in der sie durch
ihren Zerstörungswahn zur Emigration ins Erdinnere gezwungen sein würde.

Uschisar

Vom Zahn der Zeit zerfressen und von Men-
schenhand durchlöchert, ragt wie ein riesiger Ter-
mitenhaufen das Städtchen Uschisar aus der
Landschaft auf. Den Gipfel krönt ein wuchtiger
Felsklotz, der bereits den Hethitern als natürliche
Festung diente. Jahrhunderte später nutzten die
Byzantiner sie als Filterzone gegen arabische Einfälle. Und heute? – Ruhe ist eingekehrt. Fremde
Einfälle sind nur von Touristen zu erwarten. Die
lassen sich von Kamelen den Felsen hinauftragen,
um dann die Festung zu erklimmen. Es lohnt sich!
Der Blick in die hitzeflimmernde Unendlichkeit
mit ihrem Farben- und Formenreichtum ist atem-
beraubend.

Der Felsmonolith des nahen Ortes Ortahisar
bildete in kriegerischen Zeiten eine Festungskette
mit der Burg Uschisar, die den Zugang zu Kappadokien beschränkte. Auch hier stehen die Zeichen
längst nicht mehr auf Sturm. Die Alten leben nach
innen und der Vergangenheit nach. Vielleicht
sind sie die letzte Generation, die die ausgehöhl-

ten Felspyramiden und kunstvoll durchlöcherten
Tuffkegel bewohnen und als natürliche Vorrats-
und Kühlkammern nutzen. Denn die Jugend
flüchtet aus dieser steinernen Wildnis, sucht ihr
Glück in den Städten.

In und um das Tal von Göreme herum gibt es
Orte, die tragen zwar türkische Namen wie Mustafa Pasha und Cemilköy, dennoch fühlt man
sich in ihnen eher nach Griechenland versetzt.
Und tatsächlich lebten hier jahrhundertelang Hel-
las-Bewohner, deren Kultur und Religion Kappadokien bis in die jüngste Vergangenheit geprägt
haben.

Mit der Reform Atatürks setzte die große Völ-
kerwanderung ein. Erst im Jahr 1923 verließen die
letzten orthodoxen Griechen im Zuge des verein-
barten Bevölkerungsaustausches zwischen Griechenland und der Türkei ihre Höhlenwohnungen
im Göreme-Tal.

Es gibt genügend Beispiele dafür, daß das Verhältnis zwischen Türken und Griechen nicht immer so emotionsgeladen war wie heute. In Zelve,
dem Ort mit den schönsten und eigenwilligsten
Feenkaminen Kappadokiens, lebten Tausende
von Christen und Mohammedanern bis weit ins
15. Jahrhundert friedlich miteinander. Dieses Zelve ist ein merkwürdiges Tal, durch eine braungelbe, fahlfarbene Felswand in zwei Hälften geteilt.
Und wieder – wie so oft auf meinen Kappado-
kien-Reisen – kraxele ich auf schwankenden Leitern in die Höhe, um in die versteckt gelegenen
Höhlenwohnungen zu gelangen. Durch engste
Tunnelschläuche robbe ich hinab unter die Erde
in die Klausen der Einsiedlermönche. Seltsam
sich vorzustellen, daß bis Mitte der fünfziger Jahre unseres Jahrhunderts Menschen hier freiwillig
lebten. Dramen sollen sich abgespielt haben,

**Friedliche
Koexistenz**

als die türkische Regierung die Bevölkerung zwangsweise in moderne Häuser umsiedelte.

In Derinkuyu befällt mich noch einmal diese Schreckensvision von einem Maulwurfsdasein – wie eine lichtlose Zukunft aussehen müßte, verbannt unter die Erde, ohne Sonne, Wärme, Natur. Derinkuyu, das ist über der Erde ein unbedeutender 5000-Seelen-Ort und unter der Erde ein Alptraum. 1963 entdeckten Fachleute bei der Untersuchung eines Brunnenschachtes eine unterirdische Stadt, die größte in ganz Kappadokien. Zur Zeit der Araberzüge hatten Christen diese Stadt in den weichen Tuffstein geschlagen – 85 Meter tief, bis zum Grundwasser hinab. Stockwerk um Stockwerk – insgesamt acht – winde ich mich ins Erdinnere hinab, durchquere im flackernden Licht der Taschenlampe Wohnungen, Wasserdepots, Vorratsräume, Ställe, Weinkeller. Und alles ist durchzogen mit einem komplizierten Netz von Belüftungsschächten. Nichts, was es nicht gäbe! Vom Waffenlager bis zur Folterkammer, von Kirche, Kloster und Religionsschule bis zum Irrenhaus.

**Die unter-
irdischen Städte
Kappadokiens**

Wie aus einer anderen Welt dringen von weit oben Stimmen in diese Grabesstille. So muß es sein, lebendig begraben zu werden, durchfährt es mich. Dabei scheinen die Menschen hier ganz gut und sicher gelebt zu haben. Bis zu 50 000 wuselten in den acht Stockwerken in Notzeiten herum. Sie waren nicht abgeschnitten von der Welt, hatten Kontakt mit anderen Höhlensiedlern. Ein unterirdischer Tunnel führt zur sieben Kilometer entfernten Höhlenstadt Kaymakli. – Noch ist der innere Erdkreis Kappadokiens nur teilweise erforscht; von 34 unterirdischen Städten weiß man bereits. Archäologen sind sich sicher, es gibt mehr, viel mehr.

Ich bin wieder über der Erde, atme Sonne,
Licht, Weite! Vor mir liegen noch zwei weitere
Schatzkästlein, das Ilhara- und das Soganli-Tal.
Vom Zentrum Kappadokiens und den Touristen-
routen weit entfernt, verlieren sie sich in Stille und
Unberührtheit. Das zauberhafte Ilhara-Tal ist ein **Das zauberhafte**
wasserreicher Garten am Ende einer öden Ge- **Ilhara-Tal**
gend. Tage-, ja wochenlang kann man durch die
kilometerlange Schlucht entlang des Melendiz-
Flusses wandern. Felsen wachsen wie Dome aus
der Flußlandschaft auf, dazwischen liegen versteckt in der bizarren Steinwildnis unzählige
Kirchlein und Klosteranlagen.

Knapp 25 Kilometer hinter Derinkuyu er- **Das Soganli-Tal –**
streckt sich das Soganli-Tal. Es ist der Eingang in **Eingang in eine**
eine verzauberte Märchenwelt. Ein steinerner **Märchenwelt**
Wald windschiefer, zipfelmütziger Zwerge
stemmt sich mir entgegen. Wie Puderzucker
überzieht weißer, mehliger Tuffsand diese unwirkliche Landschaft. Dann öffnet sich das Tal in
zwei Seitenarme. Mittendrin ein kleines, armseliges Dorf. Eine Handvoll geduckter Häuser. Ein
paar Alte mit gebeugten Rücken und zerfurchten
Gesichtern. – Rund 200 Kirchen sollen sich in
beiden Tälern verbergen. Fragt man die herum-
wandernden Hirten danach, schütteln sie verschlossen den Kopf. Verwachsen mit ihrem Land
sind sie wie die Hüter des Heiligen Grals: Sie
wollen die Schätze und Geheimnisse der leidge-
prüften anatolischen Erde nicht preisgeben.

# Die Hethiter –
# Auf den Spuren eines
# verlorenen Volkes

Der Smog über Ankara ist derart widerwärtig,
daß ich der hübschen Altstadt nahe der Zitadelle
nur eine Viertelstunde widme und flüchtig durch
den Tempel des Augustus streife. Er ist deshalb
so gut erhalten, weil er später den Christen und
Moslems als Gotteshaus diente. Doch dem Hethi-     **Das Hethiter-**
termuseum (Museum für Anatolische Zivilisatio-     **museum**
nen) schenke ich einen ganzen Tag. Es ist eine
erlesene Fundgrube, ein großartiges geschichtli-
ches Monumentalwerk, das, von einem Heer von
Archäologen zusammengetragen, in den reno-
vierten Hallen eines alten Bazars untergebracht
wurde. Keine Frage, dieses Museum gehört zu
den wichtigsten und interessantesten der Welt.
Viele Rätsel und manches, was mir auf meinen
Reisen durch die Türkei unverständlich geblieben
war, haben sich hier entschlüsselt. Ich gleite un-
merklich hinein in zahllose Vergangenheiten, steige wie träumend in die Abgründe der Geschichte.
Wandmalereien aus fernster Zeit, ein in Stein, Ton
und Elfenbein gemeißelter Götterhimmel, Geräte
und Waffen aus Bronze, geheimnisvolle Schriften
auf Keramiktafeln ziehen an meinen Augen vorbei und verbinden die Werke aus zehn Jahrtausenden zu einem rasch ablaufenden Film. Doch
ich merke, irgendwo in meinem Film ist ein Riß,

ein Stück unbelichtetes Zelluloid. Da ist etwas, was mir bisher noch nicht begegnet ist. Riesige Skulpturen aus grauem Stein starren mich an. Männergestalten, kurzbeinig und muskulös, mit Krummschwertern in den Händen und hohen spitzen Mützen auf dem Kopf. Und immer wieder

**Die Hethiter –** Steine, übersät mit Hieroglyphen und Keilschrif-
**Rätsel der** ten. Das Volk, von dem darauf so viel geschrieben
**Geschichte** steht, trägt den Namen Hethiter. Woher sie kamen und wohin sie verschwanden, das ist ein immer noch nicht gänzlich gelöstes Kapitel der Menschheitsgeschichte. Ihre Hauptstadt war Hattusa – und dorthin mache ich mich auf den Weg.

Ankara, Kirikkale, Delice, Sungurlu – schwerbeladene Lasterkolonnen quälen sich langsam wie eine Heerschlange nach Osten. An jeder Steigung brüllen die Motoren auf, wenn die Fahrer einen anderen Gang einlegen. Stöhnend und schnaufend klettern die Ungetüme hügelan. Eine schwarze Wolke aus Dieselgestank vernebelt den Blick zum Himmel. Überholen ist gefährlich, denn auf der Gegenfahrbahn rollen die gleichen Kolosse heran. Ich fühle mich in meinem kleinen Auto gefangen als nutzloser Teil einer lastenschleppenden Karawane. Stumpfsinnig ist diese Fahrerei, und das Hochland, das unser endloser Treck im Schneckentempo durchquert, erscheint in seiner kargen Öde ebenso abgestumpft. Hinter Sungurlu folge ich dem leuchtendgelben Schild, das den Weg nach Hattusa und zum Ort Bogazkale (Bogazköy) ausweist.

Ein weites fruchtbares Tal, das in wilden Bögen zu einer schroffen Berglandschaft aufwächst. Kleine Bäche kämpfen sich durch Felsen und münden in eine Schlucht. Dahinter die kleine türkische Stadt Bogazkale. Dies also ist das einstige Herzland der Hethiter. Besonders einladend

wirk es nicht. Doch vor mehr als 5000 Jahren
siedelten hier bereits Menschen, ein Volksstamm
unbekannter Herkunft mit Namen Hatti. Ihr kleines Königreich Hattus pflegte bereits mit den As-
syrern regen Handelsverkehr. Davon zeugen
Keilschrifttexte aus Ton, Kaufmannsdokumente,
die in der Nähe der zentralanatolischen Stadt
Kayseri gefunden wurden. Wenngleich diese
Tontafeln für den Nichteingeweihten eher ein
Schlafmittel sind – sie sprechen fast nur von ge-
schäftlichen Transaktionen –, so sind es doch die
ältesten Unterlagen, die die Existenz jener Zeit
dokumentieren. Es müssen recht nüchterne Menschen gewesen sein, jene Handelsleute aus dem
fernen Assur, die auf mühsamen Wegen die Welt
durchzogen, um den eigenen Reichtum zu meh-
ren. Feilschen und Rechnen waren ihre Waffen
und nicht das Schwert. Die Hanse, die Welser und
Fugger, die Ostindienkompagnie, Pisa, Florenz,
Genua, Venetien und auch die Handelshäuser der
Gegenwart sind ihre Erben geworden.

**Das Königreich Hattus**

Doch nicht von dem friedlichen Handel und
Wandel zwischen dem kleinen Königreich Hattus
und Assyrien soll hier weiter die Rede sein, sondern von einem Volk, das vor etwa 4000 Jahren
friedvoll, aber stetig nach Anatolien einsickerte:
die Hethiter. Welchen Weg sie aus dem Norden
nahmen, ist bis heute ungewiß. Nutzten sie den
Balkan als Brücke oder schlugen sie sich durch
den Kaukasus? Um 1800 vor Christus jedenfalls
ließen sie sich zwischen den Quellen von Euphrat
und Tigris nieder. Sie benutzten das Zwischen-
stromland als Basis und besiedelten Kleinasien in
gemächlichen Schritten nach Westen hin. Hundert Jahre später – also etwa 1700 – verleibten sie
sich das Königreich Hattus ein.

Vom Ortszentrum von Bogazkale schraubt sich

die Straße in einer raschen Kurve nach oben. Am höchsten Punkt öffnet sich vor mir eine riesige steinerne Mulde, deren zerschrundene Klippen sich hinziehen bis zu einem weit entfernten scharfgezackten Tafelberg. Gewaltige Zyklopenmauern, ohne Mörtel aus Felsblöcken von unregelmäßiger Form und Größe zusammengefügt, wuchern auf den Klippen. Soweit ich blicken kann, sehe ich Mauerreste, Wälle, abgebrochene Türme. Dieses unübersehbare steinerne Meer, das wie eine offene Wunde aus der Landschaft aufragt, war einst Hattusa, die Hauptstadt der Hethiter. Eine Stadt, die auf der Höhe ihrer Macht so groß war wie Athen. Ein Reich, in seiner Glanzzeit so mächtig wie das benachbarte Babylon, ja sogar wie das Pharaonenreich Ägypten weit im Süden. Allein die Zahlen machen atemlos: 121 Hektar groß war Hattusa, umringt von einer 6,5 Kilometer langen, doppelt errichteten kyklopischen Stadtmauer. Massive Tore, noch heute bewacht

*Seleukeia: Vergessen schlummern die Ruinen unter dem Pelz der Wälder des Taurusgebirges*

von brüllenden Steinlöwen, verwehrten den Zugang zur Stadt. Ihre Tempel, Paläste, Archive und
Wohnhäuser liegen jetzt zurückgesunken in die
Erde vor mir. Wieviel Menschen mögen wohl hier
gelebt haben? Hunderttausend, eine halbe Million? Das berühmte Troja war nur ein Zwerg im
Vergleich. Allein die Akropolis von Hattusa war
größer als die gesamte Stadt des Königs Priamos.
Troja fand seinen Homer, so ist es uns im Gedächtnis geblieben. Doch Hattusa verschwand
zwischen den weißen Seiten der Geschichtsbücher. Wir wissen nicht einmal, ob es menschliche
Gewalt oder eine Naturkatastrophe war, die Hattusa vernichtete. Die Hethiter teilten das Schicksal
ihrer Hauptstadt. Etwa um 1200 v. Chr. fielen aus
unerfindlichen Gründen ihre bedeutendsten
Städte. So tief war der Sturz des Hethiterreiches,
daß fast jede Erinnerung an dieses Volk erlosch.

Ich wandere durch das Ruinenmeer. Steppen-
gras und Dornensträucher überwuchern die Ausgrabungen des Heiligtums von Tesup und
Hepatu, die den Hethitern einst als Wettergott
und Sonnengöttin dienten. Gestürzt sind die Götter, gestürzt auch das Reich. Und dennoch läßt
das gewaltige Ausmaß dieser Ruinenreste erahnen, daß sich hier eines der größten Machtzentren
der frühen Antike befand, dessen kultureller Einfluß rund um das Mittelmeer und tief in Afrika
noch heute zu spüren ist.

Ein kleines Sistrum (Triangel) fällt mir ein, das
ich im hethitischen Museum von Ankara sah und
dessen rhythmischem Schlag ich noch in den kop-
tischen Kirchen Äthiopiens begegnet bin. Ich gehe
über die mit flachen Steinplatten gepflasterten
Straßen. Der Wind fegt braunes Dornengestrüpp
vor mir her. Wie friedlich dieses Geräusch ist im
Gegensatz zu den vielfachen Hufschlägen, die

**Hattusa – eine
weiße Seite im
Geschichtsbuch**

hier herüberdonnerten, wenn die hethitischen Streitkräfte von ihren Kriegen heimkehrten in die eigenen Stadtmauern. Sie waren gefürchtete Gegner, das wissen wir heute. Ihre Streitwagen walzten alles nieder, was ihnen im Wege stand. In leichte, schnelle Geschwader gegliedert und auf schwere Dreispänner abgestützt, berannten sie Ägyptens Grenzen. Scharfe Sichelschwerter, an den Rädern als Haumesser angebracht, säbelten das feindliche Fußvolk nieder. Ein frühhethitisches Gebet hatte das staatspolitische Ziel gesetzt: »Kraft und Mut dem König, der Königin, den Prinzen und ihren Truppen. Möge ihr Land zur Rechten und zur Linken bis an das Meer grenzen.« Es ist erwiesen, daß Hattusilis I. (16. Jh. v. Chr.) die anatolische Südküste erreichte. Eine Legende erzählt, ein Stier sei es gewesen, der dem Hethiterkönig und seiner Armee den Weg durch das Taurusgebirge gebahnt und sie bis nach Aleppo geführt habe.

**Taurus – Spuren der Hethiter**

Sollte das Gebirge nach dieser Sage benannt sein? Denn Taurus ist ein lateinisches Wort und heißt nichts anderes als »der Stier«. Im Griechischen finden wir ihn wieder als »Tauros«! Das nordsemitische Wort »Tur« heißt Gebirge. Die Hethiter, so nimmt man an, waren ein indogermanisches Volk. Selbst mit Deutsch und Französisch ist eine Sprachverwandtschaft deutlich erkennbar: Der Turm, la Tour, le Taureau. Auch andere Worte sind sich sehr ähnlich: Vadar = Wasser; Ezza = Essen. Die Spuren der Hethiter hatten sich zwar über Zeit und Raum hinweg verwischt, doch gänzlich verloren waren sie nicht. Der Franzose Charles Texier hat Hattusa 1834 wiederentdeckt. Der Deutsche Hugo Winckler begann 1906 dort zu graben und fand in der Akropolis Berge von beschriebenen Tontafeln, die der Tscheche

Bedrich Hrozny 1915 entschlüsselte. Eine indogermanische Erbengemeinschaft also hat die Hethiter den Lebenden wiedergegeben.

Wenn auch recht lückenhaft, so haben wir doch heute eine Vorstellung davon, wer dieses Volk gewesen sein mag. Namenlos tauchen sie aus der Tiefe der Zeit auf, fruchtbar und erwartungsvoll wie ein nie gepflügtes Feld. Die Art, wie ihre ägyptischen Feinde sie auf Bildern zeigten, aber auch wie sich die Hethiter in ihren eigenen Felsreliefs darstellten, läßt sie nicht gerade attraktiv erscheinen: Kurzgewachsene, stämmige Burschen mit enormen Nasen und breiten Schultern, meist in schlichte Wollgewänder und derbe, hochgeschnäbelte Stiefel gekleidet. Freilich war dies wohl recht praktisch angesichts der klimatischen Verhältnisse im Zentrum des anatolischen Hochlands. Und diese Leute waren außerordentlich fähige Festungsbaumeister, die ihre Kyklopenmauern förmlich um natürliche Bergfesten wickelten. Als rauhe Bergbewohner schufen sie keine sonderlich eleganten und raffinierten Kunstwerke, aber sie waren Meister in der Bewältigung von Massen. Die monumentalen hethitischen Bauwerke und großen Felsenreliefs sprechen eine eindrucksvolle Sprache.

**Fähige Festungsbauer**

Viel eigenes scheint dieses Volk aus seiner geschichtslosen Vergangenheit nicht mitgebracht zu haben. Ihr Name, ihre Kultur, ihre Religion, das alles stammt aus zweiter Hand. Von den Hattiern borgten sie sich den Namen, und deren Stadt Hattus wurde kurzum Hattusa genannt. Ihr König Labarna taufte sich selbst in Hattusilis um, das heißt: »der, der über Hattusa regiert«. Man sieht schon, sehr phantasiebegabt waren diese Bergburschen nicht. Ihre Keilschrift übernahmen sie von Babylon. Sie war praktisch und auf Tontafeln besser verwendbar als die eigenen Hieroglyphen. Was ihre Rechtsfindung betraf, so stand da Hammurabi, Babylons Herrscher, Pate. Und selbst vor dem geheiligten Götterhimmel anderer Völker machten die Hethiter nicht halt. Den Hattiern klauten sie die Sonnengöttin Arrina, ihr Meeresgott war sumerischen Ursprungs, eine Liebesgöttin leitete sich von der entsprechenden Gottheit Mesopotamiens her. Der Hauptgott ihres Pantheons aber war Tesup, der Wettergott. In mancher Hinsicht ist Tesup Vorläufer des uns so wohlvertrauten olympischen Zeus. Oft erblickt man ihn als starre, einsame Majestät, in einer Hand das Symbol eines Blitzstrahls, in der anderen eine Axt. Ihm zugeordnet war der Stier. Nach jedem Krieg, jeder neuen Eroberung wuchs der hethitische Götterhimmel synkretistisch an. Götter als Beute? Es scheint, als hätten die Hethiter ständig nach neuer Erkenntnis gesucht. Waren sie sich bewußt, daß ihr mächtiges Reich auf tönernen Füßen stand? Glaubten sie, es mit einem zusammengerafften Götterheer schützen zu können?

**Der Tesup-Tempel** Die geborstenen Mauern des Tesup-Tempels antworten nicht. Sie liegen so wahllos verstreut wie das hethitische Pantheon. Namen tauchen auf, andernorts schon gehört. Bilder erscheinen, die mir bekannt vorkommen. Feierliche Prozessionen ziehen zum dumpfen Klang der Bronzetrommeln über die Höfe und durch die Gänge. Blashörner dröhnen, und Priester wirbeln im ekstatischen Tanz. Betäubender Weihrauch steigt auf, und die große Schar der Opfertiere erstickt im eigenen Blut. Altäre und Kultkammern, Vorratsmagazine und Audienzsäle – die Räume reihen sich aneinander zu einer ganzen Stadt. Nur von einem Gebäudekomplex kennt man seine Bestimmung, weil sich bei ihm eine erklärende Tontafel fand: »E-Gis-Kinti« hieß dieser Block, das »Haus der Arbeitsleistung«. 208 Angestellte wohnten und wirkten darin – 18 Priester, 29 Musikanten, 19 Tafelschreiber, 33 Holztafelschreiber, 35 Wahrsager, 10 Sänger. Die große Zahl der Seher fällt auf. Ich habe lange nach einer Erklärung gesucht. Doch keine Tontafel, kein Buch gibt darüber Auskunft.

**Das »Haus der Arbeitsleistung«**

Der Hethiter waren ein mächtiges Volk. Dennoch müssen sie ihre Feinde gefürchtet haben. Denn ihre Hauptstadt Hattusa ist eine einzige gewaltige Verteidigungsanlage. Die starke Doppelmauer legt sich wie ein Kranz um das Ruinenfeld. Die Kyklopensteine krallen sich in die Mulden und krönen die senkrechten Felsabstürze, so daß sie mit dem Gelände eine vollkommene Einheit bilden. An allen Seiten kommen die Landschaftsformen der Wehrhaftigkeit dieser Verteidigungsanlage zugute. Nur im Süden fällt der hochgelegene Tafelberg in einen flachen Hang ab. Eine verwundbare Stelle, jedem feindlichen Ansturm preisgegeben. Deshalb errichteten hier die hethitischen Baumeister ein gewaltiges Bollwerk. Zunächst türmten sie Erde und Stein zu einer riesenhaften Welle, auf deren Krone sie ihre Doppelmauern und Türme setzten. Den Erdwall jedoch durchbohrten sie mit einem fast hundert Meter langen Ausfalltunnel, um dem Angreifer in den Rücken stoßen zu können. Diese Poterne ist bis heute unversehrt erhalten, und ähnliche Anlagen wurden noch mehr als 3000 Jahre später in den Stellungsschlachten des Ersten Weltkrieges gebaut.

Wenn die Hethiter nicht gerade Kriege führten, scheinen sie, ihren Selbstdarstellungen zufolge, gar nicht schlecht gelebt zu haben. Sie selbst bilden sich ein wenig korpulent ab und machen einen recht zufriedenen Eindruck. Symbolträchtige Kornähren und Weintrauben umgeben sie auf ihren Bildwerken. Nur selten finden wir auf den Reliefs anderer Völker des Altertums so viele fröhliche Kinder und Tiere. Nicht, daß diese Heiterkeit zwischen den Ruinenmonstren des heutigen Hattusa noch spürbar wäre, aber es liegt eine tiefe Ruhe über den mit dem Erdreich verwachsenen Trümmern. Die lärmenden Gassen, das Kriegsgeschrei sind auf alle Zeiten verstummt.

**Hattusas Ende** Hattusas Ende muß über die Stadt hereingebrochen sein wie der Blitzschlag in eine Eiche. Keines der genau geführten Palastarchive spricht von einer feindlichen Bedrohung. Noch kurz vor der großen Katastrophe ließ der letzte Großkönig der Hethiter, Suppiluliuma II., für seinen Vater Tudhaliya in Hattusa eine ewige Gedenkstätte in den Fels hauen mit dem längsten Text zum Ruhme der Hethiter. Hat Suppiluliuma, der ja auch gleichzeitig der Erste Priester seines Volkes war, den Untergang seiner Stadt erahnt und bewußt ein allerletztes Zeichen hethitischer Größe für die Nachwelt hinterlassen? Wir wissen es nicht. Mit dem Ende Hattusas löste sich auch das Hethiterreich auf, zersplitterte in kleine Fürstentümer und verschwand ein paar Jahrhunderte später vollständig aus dem Gedächtnis der Menschheit.

Felsen, grau, mächtig, erhaben – wo immer wir mit der hethitischen Kultur in Verbindung kommen, tauchen solche Felsen auf. Der Stein war für die Hethiter Ausdruck und Vermittler göttlicher Kraft. Zum Fels empfanden sie eine mystische Bindung. Ihre Burgen und Städte, ihre Tempel und Türme schienen häufig dem Fels entwachsen, als wären sie sein natürlicher Teil. Der Stamm, der in den Felsen Wurzeln schlägt und aus ihm seine Kraft bezieht. Die außergewöhnliche Fähigkeit, die Gegebenheiten der Natur mit ihrer Baukunst zu verbinden, nannten die Hethiter selbst »Hekur – die Spitze, von Menschenhand geformt«. Dieser Begriff wird häufig in unmittelbarem Zusammenhang mit ihrem Totenkult verwendet, besonders in Suppiluliumas II. Gedenkschrift für seinen Vater.

Knapp zwei Kilometer von Hattusa entfernt findet der mystische Bezug der Hethiter zum Felsen einen einzigartigen Ausdruck: in Yazilkaya, einem Felsirrgarten voll antiker Reliefs. Wie erstarrte Fontänen steigt eine Gruppe Steine grau und wuchtig in die Landschaft empor. Sie recken sich wie suchende Finger in den stählernen Himmel. Das menschliche Auge folgt fast automatisch dem Weg der Finger nach oben. Doch dort ist nur hitzeflimmernde Leere. Vielleicht sah der schöpferische Geist der hethitischen Künstler in diesem Himmel etwas anderes und schnitt es ein in die Felsen. Götterbilder in so unglaublicher Vielzahl gibt es hier, daß die Archäologen sich noch immer damit abquälen auszusortieren, welche Reliefdarstellung welchen Gott wiedergibt. Und die Wissenschaft hat lange gerätselt, welchem Zweck diese Kultstätte diente. Weder Funde vor Ort noch die hethitische Literatur enthielten einen Hinweis auf die Bestimmung des Platzes. Der aber, das ist zwischenzeitlich sichergestellt, war in der Vorstellung der Hethiter von überirdischen Kräften beseelt. Die große Kammer, ein offenes Viereck zwischen steilaufragenden Wänden, diente dem Frühlingsfest in der freien Natur, vergleichbar dem Neujahrsfest (Bit Akitu) der Babylonier. Die kleine Kammer war der Bestattungstempel des Großkönigs Tudhaliya. Yazilkaya, das Nationalheiligtum der Hethiter, war dem sprießenden Leben ebenso geweiht wie sei-

**Yazilkaya – ein Felsirrgarten voller Reliefs**

*Dionysos – Gott, Dämon, Weiser. Relieffries im Theater von Perge*

ner Vergänglichkeit – der ewige Wechsel, eingebunden in die Kraft dieser Felsen.

Die Strahlen der Mittagssonne fallen auf zwei Prozessionen, die sich aufeinander zu bewegen. Eine Götterreihe zur Linken, vom Hauptgott Tesup angeführt, begegnet einer Göttinnenschar mit Hepatu an ihrer Spitze. Nur Sausga durchbricht die Geschlechtertrennung, die Göttin der Liebe und des Krieges. Merkwürdig erscheint mir ihre sich widersprechende Zuständigkeit. Auch Sarruma, der Sohn des Götterpaares, hält sich nicht an die gebotenen Regeln und folgt seiner Mutter im Kreis der Göttinnen. Die Gesichter der Götter sind ohne Bewegung; sie gleichen einander wie Masken aus einer einzigen Form. In ihrer Vielzahl werden sie eins und wandern hin zur Vereinigung von Tesup und Hepatu. Das neue Jahr beginnt. Die Natur wird wiedergeboren. Mit Schwert und Keule bewaffnet steht Tesup auf zwei Gestalten, die die Berge Nanni und Hazzi verkörpern und damit das Hethiterreich. Hepatu und ihr Sohn werden von zwei Löwen getragen, die ihrerseits auf Felsen stehen, dem Quell aller Kraft.

Die Götter besaßen Menschengestalt, aber die Hethiter waren sich dieses Widerspruches durchaus bewußt. Ihr König war zeit seines Lebens kein Gott, nur ein Vertreter der Götter. Als Herrscher über sein Volk und gleichzeitig dessen erster Priester stand er dem himmlischen Pantheon am nächsten. Die Priesterschaft wiederum handelte in seiner Vertretung nach einem bis in das letzte festgelegten Pflichtenkatalog. Auch als oberster Feldherr übte der König Dienst an seinen Gottheiten aus. Die Hethiter nahmen den Sieg oder die Niederlage eines Krieges als göttliches Urteil an. Gegenüber den Göttern verantwortlich für den Wohlstand seines Landes, hatte der König in ritueller Reinheit zu leben und als Erster Gerichtsherr jeden ungewöhnlichen Fall selbst zu entscheiden. Immerhin waren es die Hethiter, die eine der menschlichsten Gesetzgebungen des Altertums ausarbeiteten. Sie glaubten nicht an das »Auge-um-Auge-Zahn-um-Zahn-Prinzip« und formulierten präzise Anweisungen, wie unterworfene Völker zu behandeln seien. Wie fast alle Völker damals kannten sie Sklaverei, und sie setzten auch voraus, daß es anderswo Sklaverei gab. Doch ihre Gesetzgebung kannte auch Rechte für Unfreie. So gab der Hethiterkönig bei der Eroberung einer Stadt seinen Kommandanten folgende Richtlinien: »Wenn der Sklave oder die Sklavin eines Mannes einen Prozeß führt, dann fälle ein gerechtes Urteil . . .«

Allein die unglaubliche Anzahl von Göttern, die die Hethiter im Laufe ihrer Herrschaft von allen möglichen anderen Völkern übernommen

**Das Pantheon der Hethiter**

hatten, zeigt, daß sie ihnen große, gewaltige Macht zuschrieben. Andererseits legten sie ihnen auch zutiefst menschliche Charaktereigenschaften bei. So ist uns ein Mythos überliefert von einem Gott namens Telepinu, der eines Tages rasend vor Wut schrie: »Da hat sich niemand einzumischen!« Und dann, so will es die Göttersage, versuchte er vor Aufregung, den rechten Schuh dem linken Fuß anzuziehen und den linken dem rechten. Doch was den Gott in diese Wut und Verwirrung brachte, das wissen wir nicht. Denn leider ist die Tontafel, die diesen Mythos erzählt, gerade an der Stelle gebrochen, an der wir Aufklärung darüber bekommen könnten, was Telepinu so verärgert hat.

**Unbekanntes Ende eines mächtigen Volkes**

Dann, ganz plötzlich – etwa 1180 vor Christus – hört der Nachrichtenfluß auf. Es gab in Hattusa keine neuen Täfelchen mehr, es kamen keine neuen Götter im Felsenheiligtum Yazilkaya zu den alten hinzu. Ein Volk, das aus dem Nirgendwo kam und im Irgendwo verschmolz. Alles, was übrigblieb, waren kleine Fürstentümer, hethitische Siedlergruppen weit draußen am Saum des einstigen Großreichs. Dieser unbedeutende Nachhall sind jene »Kinder Heth« der Bibel, die Erzvater Abraham und König David über den Weg liefen. Bezogen auf unsere Zeit glich die Macht der Hethiter der eines ganzen Kontinents. Was blieb, sind ein Berg beschriebener Tontäfelchen, ein imponierendes Trümmerfeld und immer wieder Felsenreliefs. Drüben, im fernen Ägypten, da gibt es an einer Tempelmauer die Inschrift: »Als die Seevölker kamen, hielt kein Land ihnen stand.« Auch nicht das Hethiterreich? Oder war es doch ein Feuer, eine brüllende Flammenhölle, die Hattusa unter sich begrub?

Lange noch laufe ich durch diese von Horizont

zu Horizont reichende Ruinenstätte. Die Sonne brennt mir die Fragen ins Gehirn. Das Geschick von Hattusa, die Bilder aus Troja und Van, die Trümmer Pamphyliens, die ausgebrannten Fenster der Gotteshäuser, die am Kohlendioxid erstickenden Wälder, was haben wir daraus gelernt? Dreitausend Jahre hat es gebraucht, bis Hattusa in unserem Gedächtnis einen neuen Lebensfunken erhielt. Ganz tief in mir ist eine Angst, daß irgendwann niemand mehr da sein könnte, der die Möglichkeit hat, auch nur eine einzige Frage zu stellen.

# Nemrut Dagi –
# Das Geheimnis der
# geköpften Götter

>»Ein Fluß zur Bewässerung des Gartens ent-
sprang in Eden, und dann teilte er sich in vier Arme . . . der dritte Stromarm heißt Tigris . . ., und
der vierte trägt den Namen Euphrat.«
*Buch Genesis (1. Moses, Vers 10)*

Weizenfelder und Pistazienwälder – ein weit ge-
spannter Fleckenteppich fließt über die Hügel der
Euphratebene. Eine Schafherde drängt durstig
zum Wasser. Der Fluß, der in seinem breiten Bett
etwas verloren das Land durchzieht, war einst ein
mächtiger Strom. Seine Hügel und Täler wurden
überzogen von einem Pelz dichter Wälder. Dann
aber entdeckten die Menschen der Frühzeit Ak-
kerbau und Viehzucht. Sie schlugen die Bäume,
um Brennholz zu gewinnen, weideten das Land
zu Tode und beraubten die Berge ihres schützenden Pflanzenkleides. Später dann herrschte hier
unentwegt Krieg. Diesseits und jenseits des Fluß-
ufers standen sich die Heere der Perser und Griechen, der Parther und Römer gegenüber. Ihnen **Eine**
allen ging es nur um den Besitz der Schlüsselstel- **Schlüsselstellung**
lung am Euphrat. Die Euphratebene ist immer ein **am Euphrat**
Durchzugsland gewesen; allen Einflüssen offen,
allen Religionen, Mythen und Ideologien schutz-
los preisgegeben. Assyrisches und hellenistisches
Erbe, armenischer und persischer Einfluß und
eine schwache Erinnerung an eine halbvergesse-
ne hethitische Monumentalität haben in diesem
fernen Winkel Kleinasiens eine merkwürdige
Mischkultur zustande gebracht.

Eines der seltsamsten Völkergemische muß
das Königreich Kommagene gewesen sein, ein

*Der Euphrat –
ein alter biblischer
Landstrich*

kleiner Pufferstaat auf einem Hügel am oberen
Lauf des Euphrat. Seine Urbewohner waren ein
kläglicher Rest der einst mächtigen Hethiter. Umgeben von starken Nachbarn, die auch immer
wieder mal ihre Finger im politischen Geschehen
des kleinen Reiches hatten, hätte es keine große
Chance gehabt zu überleben, wenn nicht seine
Könige hervorragende Diplomaten gewesen wären. Geschickt taktierten sie zwischen den verfein-
deten Nachbarn. Mit den Römern verbündeten sie
sich politisch, mit den Parthern knüpften sie Fa-
milienbande. Heiraten und Bündnisse, Offenheit
nach allen Seiten bewahrten das kleine Königtum

Kommagene über zwei Jahrhunderte (zwischen
dem ersten Jahrhundert vor und nach Christus)
vor Fremdherrschaft. Bis es dann zu Neros Zeiten
doch endgültig von Rom vereinnahmt wurde.
Wer die wenigen Überreste der alten Königsresidenz Samosata (Samsat) noch anschauen möchte,
der muß sich beeilen. Denn die Stätte ist für ein
Staubecken vorgesehen und wird irgendwann
überflutet.

Ein schwacher Windhauch in den Stürmen der
Geschichte, mehr ist Kommagene nicht gewesen.
Und kein Mensch würde heute noch einen Gedanken daran verschwenden, wenn es da nicht
diesen Berg gäbe, den Nemrut Dagi, auf dem sich
der eitle König Antiochos von Kommagene ein
unsterbliches Denkmal setzte. Eine gigantische **Kultstätte der**
Kultstätte, die vom Aufwand her dem Vergleich **Antike**
mit den ägyptischen Pyramiden standhält. Von
Samosata aus kann ich den weit entfernten Berg
bereits sehen. In vollkommener Kegelform hebt
sich seine Spitze deutlich von den scharfen Zak-
ken und harten Kanten der übrigen Berge ab. Wie
eine Pyramide ragen seine Umrisse in das hell-
blaue Firmament. Vielleicht hatte Antiochos
ebenfalls dieses Bild vor Augen und hielt den von
der Natur so bedeutungsvoll geformten Berg für
würdig, seine geplante Grabstätte aufzunehmen.
Und vielleicht hatte er auch schon im Kopf die
Inschrift formuliert, die seine Bildhauer später
dort oben in den Stein schlugen: »Ich, Antiochos I., König von Kommagene, habe dieses
Heiligtum auf dem höchsten Gipfel meines Reiches errichtet, in nächster Nähe zum himmlischen
Thron des Zeus.«

Der Weg dorthin zieht sich endlos. Die kurdischen Dörfer rechts und links bilden kleine,
unscheinbare Inseln, deren Minarette wie Leucht-

türme im Sonnenlicht funkeln. Gleich hinter den Ufern des behäbigen Euphrat wölbt sich die Landschaft zu immer wuchtigeren Wellen auf, bis sie plötzlich ins Riesenhafte zum Himmel wächst, als sei ein gewaltiger Brecher erstarrt – das Taurusgebirge. Gesteinsmassen türmen sich auf zum Himmel und stürzen schroff zurück in die Tiefe. Ausgefranste Fichtenbäume klammern sich verzweifelt in die steilen Schluchten. Mit furchteinflößender Wildheit verweigert sich die Berglandschaft dem eindringenden Leben. Auch ich bekomme das zu spüren, während mein Wagen über das brüchige Kopfsteinpflaster mühsam in die Höhe klettert. Vor wenigen Jahren erst angelegt, ist die Straßendecke bereits so zerknittert wie die Haut einer Greisin.

In Kahta beginnt die enge Straße nach Eski Kahta (Alt-Kahta) hin anzusteigen. Im Altertum hieß der Ort Arsameia und war die Sommerresidenz der kommagenischen Herrscher. Ein mächtiger Hügel wölbt sich vor mir auf. »Karakus« nennen ihn die Türken. Hier bestattete man einst alle Frauen aus Antiochos' Gefolge. Sie wurden nicht für würdig befunden, oben bei den Göttern begraben zu sein. Zweitausend Jahre ist das her, wie wenig hat sich seither doch geändert in diesem Land. Die Straße wird zur Serpentine, führt hinein in ein weitgeschwungenes Tal. Eine Felsschlucht beherrscht dieses Tal, und über sie hinweg spannt sich eine kühne Bogenkonstruktion. Eine fast vollständig erhaltene römische Brücke, vor 1800 Jahren gebaut. Mit fast tänzerischer Anmut schwingt sie sich über das ausgetrocknete Flußbett des Cendere Suyu. Noch heute rollen über das widerstandsfähige Bauwerk schwere Lastwagen und Reisebusse. Gebaut wurde die Brücke zur Regierungszeit des römischen Kaisers

Septimius Severus, einem jener Herrscher, die damals schon so weit reisten, daß man es kaum für möglich hält. Geboren in Leptis Magna, in Nordafrika, starb er in einer ganz und gar anderen Umgebung: in York, im heutigen England. Zu seiner Zeit waren all diese weit auseinanderliegenden Orte Teile des Römerreiches. Und es waren römische Legionäre in der heutigen Türkei, die ihm zu Ehren an der Straße nach Kommagene und Samosata diese Brücke bauten. Die beiden Säulen am Südende der Brücke wurden dem Kaiser und seiner Gemahlin Julia Domna gewidmet, die auch unter dem Namen »Soldatenmutter« in die Geschichte einging. Zwei Säulen zierten einst auch die Nordauffahrt, ein Ehrenmal für die beiden Söhne von Septimius Severus. Nach dem Tod des Kaisers übernahmen Caracalla und Geta gemeinsam die Herrschaft. Doch die brüderliche Regierungszeit hielt nur ein Jahr. Caracalla ließ seinen Bruder umbringen, und in der Nacht, als Geta starb – so erzählt die Legende –, stürzte die ihm gewidmete Säule an der römischen Brücke in den Fluß.

*Eine römische Brücke – sie trägt noch heute*

In weiten Schlingen und engen Kurven schraubt sich die Fahrbahn hart am Abgrund vorbei nach oben, hinauf in die Wüste aus Fels. Und endlich – zwischen den Scharten und Brüchen der Bergmassive liegt wie ein glatt geschliffener Kegel der Nemrut Dagi. Die Flanken des 2100 Meter hohen Berges verjüngen sich himmelwärts in wunderbarem Gleichmaß, so daß Antiochos mit einem gewaltigen Gipfelbau das Werk der Natur vollenden konnte.

Hier oben also, in diese Landschaft aus gelbfarbenem und rostrotem Geröll, ließ der Kommagene-König seine Grabkammer hineinhämmern und den mythischen Berg selbst mit einzigartigen

Statuen schmücken. Eine Art Freilichttempel, voll
von monumentalen Göttergestalten, die der heidnische Antiochos anbetete. Angeblich stammte er
väterlicherseits vom persischen Herrscher Darei-
os ab, mütterlicherseits hingegen vom Makedonierkönig Alexander dem Großen. Daher erwies
er den Göttern beider Kulturkreise die Ehre, ja
verband sogar mit voller Absicht im Götterhimmel Orient und Okzident. Er tat damit nichts anderes als das, was er zu Lebzeiten als Herrscher
auch getan hatte: die Verschmelzung seines kleinen Königreichs am Kreuzweg der Welten. Im
Gipfelbereich des Nemrut Dagi ließ Antiochos
**Antiochos**  von einem Heer von Sklaven drei große Terrassen
aus dem Stein brechen. Die Nordterrasse wurde
vorgesehen als Versammlungsplatz für Prozessionen, die östliche Terrasse blickte in die Him-
melsrichtung des Partherreiches und die westliche zum Imperium Romanum. Auf diesen riesigen Plattformen bauten die Bildhauer des Herr-
schers den kommagenischen Götterhimmel auf.
Und da Antiochos sich selbst für göttlich hielt, ließ
er sein Bildnis mit einreihen. Die Kolossalstatue
zeigt ihn als jungen Mann mit recht griechisch
anmutenden Zügen, aber persischer Haartracht –
eine Anspielung auf seine Vorfahren und zugleich eine Reverenz für sie.

Die Straße zum Nemrut Dagi endet auf einem
Parkplatz hundert Meter unterhalb des Gipfels.
Als ich oben ankomme, ist es bereits dunkel geworden. Ich will die Nacht hier oben verbringen,
allein, irgendwo zwischen Himmel und Erde. In
eine dicke Jacke gewickelt und mit einer Decke
bepackt, mache ich mich an den Aufstieg. Es geht
steil bergan, immer wieder stolpere ich in der
Dunkelheit über zerschmettertes Felsengeröll. So
ähnlich muß es wohl dem reisenden deutschen

*Antiochos' steinerner*
*Götterhimmel auf*
*dem Nemrut Dagi*

Ingenieur ergangen sein, der 1880 den Nemrut
Dagi bestieg. Vor 110 Jahren führte noch keine
Straße hinauf. Als er völlig erschöpft auf dem vom
Sturm blankgefegten Gipfel ankam, glaubte er
eine Fata Morgana zu sehen: Vor ihm lagen und
standen riesige Felsskulpturen, aus der Landschaft wuchsen steinerne Köpfe, sechs und mehr
Meter hoch. Das Ganze sah aus wie ein Riesen-
atelier, von einem Bildhauer beim hastigen Auf-
bruch im totalen Durcheinander zurückgelassen.
Keiner wollte ihm die Geschichte glauben, und es
dauerte noch ein paar Jahre, bis sich die erste
archäologische Expedition auf den Weg machte
und der mythische Götterberg den Lebenden zu-
rückgegeben wurde.

Nirgends ist die Nacht so klar wie in dieser
Höhe. Sterne blitzen auf, deren unvorstellbare

Zahl sich in den Milchstraßen verdichtet und in
den fernen Galaxien verliert. Der Mond taucht die
Kuppen der Berge in helles Licht, leuchtet in die
Täler und Mulden. Der Nemrut Dagi strahlt wie
in einem langsam verglühenden mystischen Feuer. In dieser Zeit zwischen Tag und Traum offenbaren sich die Götter. Ihre Augen, die am Tag
blind und leer aus steinernen Gesichtern blicken,
füllen sich mit Leben. Strahlend wie Sterne sind
diese Augen, Schalen voller Licht. Und das Licht
schüttet sich aus, fließt über die Gipfel und Fels-
zacken – Kilometer um Kilometer bis hin nach
Syrien, zum Irak, zum Iran, nach Indien, breitet
sich über die ganze Erde und zerfließt im unend-
lichen Kosmos. Und am dunklen Firmament steht
leuchtend ein Wort: ALLEINS.

**Die Götter des**     Der Morgen kündigt sich als grauer Schleier an,
**Antiochos** in den sich silberrote Fäden weben. Antiochos'
steinerner Götterhimmel tritt aus der Dunkelheit.
Von Adlern und Löwen bewacht, blicken die fünf
Riesengestalten zu den feindlichen Parthern hin-
über. Zeus (Oromasdes) ist ihr Herr, Schöpfer und
Welterhalter nach Zarathustras Lehre. In strenger
Haltung neben ihm thronen Apollon (Mithras –
Helios – Hermes), Herakles (Verathragna – Arta-
gnes), die Landesgöttin Tyche von Kommagene
und der gottgleiche Antiochos selber, in sich alle
Götterfiguren des Altertums vereinend. Still liegt
das Licht auf dem Tempel, wandert in ruhigem
Kreis seine ewige Bahn und weckt, zaghaft mit
den ersten Strahlen spielend, die Götter der westlichen Kultterrasse. Der Adler wacht als erster auf.
Dann tritt Apoll aus seinem Schatten. Der bärtige
Zeus mit Tiara und Diadem legt seine Stirn in
würdige Falten. Freundlicher zeigt sich Herakles
und lächelnd die Tyche, deren edles Haupt ein
Früchtekorb schmückt. Nun hat die aufgehende

Sonne sich ganz über die Bergspitzen geschoben,
erfaßt schattenlos jenen seltsamen, kegelförmigen
Tumulus, der weit hinausragt über die Götterbilder. Er hat einen Durchmesser von 150 Metern
und ist etwa fünfzig Meter hoch. Unter dem
künstlich aufgeschütteten Kegelberg mit seinem
zigtausend Tonnen schweren Gestein soll das
Grab von Antiochos liegen. So zumindest vermuten die Wissenschaftler. Eine Bestätigung dafür
haben sie bis heute nicht gefunden.

Alle Versuche, dem gewaltigen Geröllkegel **Der Geröllkegel**
sein Geheimnis zu entreißen, haben sich als nutz- **bewahrt sein**
los erwiesen. Den Tumulus Stein für Stein abzu- **Geheimnis**
tragen, wäre ein Generationswerk. Die andere
Möglichkeit, durch einen künstlich geschlagenen
Tunnel einzudringen, scheiterte am nachrut-
schenden Gestein. Die amerikanische Archäolo-
gin Theresa Goell, die sich die Erforschung des
Nemrut Dagi zur Lebensaufgabe gemacht hat, biß
sich daran die Zähne aus. Mit ihren Experten-
teams kehrte sie immer und immer wieder auf
»ihren Berg« zurück. Man versuchte es mit Dyna-
mit, mit seismographischen Messungen, führte
steindurchdringende Diamantbohrer in den Tumulus ein. Doch alles, was bisher herauskam, ist
die Mutmaßung, daß es einen Hohlraum in dem
Tumulus gibt, der eventuell zu Antiochos' längst
vergessenem Grab führt. Hoch oben auf dem
Nemrut Dagi ist ein Edikt verewigt. Des Königs
Grab sei »unzerstörbar durch den Zahn der Zeit«,
heißt es darin.

Es scheint nicht weiter verwunderlich, daß sich
Mythen, Legenden und auch wilde Spekulatio-
nen mit dem steinernen Götterberg verbinden.
Erich von Däniken stellt die Frage: Landeten einst
Außerirdische auf dem Berg Nemrut? Wurde die
Grabanlage zu Ehren dieser Besucher eines ande-

ren Planeten errichtet? – Nein, sagt die Holländerin Laura Crijis. Es ist Antiochos' Bestattungsstät-
te. Sie kenne den verborgenen Eingang. Die
Grabkammer liege im Zentrum des Tumulus, angefüllt mit sagenhaften Schätzen. Woher sie das
so genau weiß? Die Holländerin behauptet, sie
habe schon einmal gelebt, vor 2000 Jahren an der
Seite von Antiochos. Eine Frau, die von Wiedergeburt spricht in einem moslemischen Land – das
will nicht zusammenpassen. Die von ihr bean-
tragte Grabungsgenehmigung auf dem Nemrut
Dagi wurde im letzten Augenblick zurückgezogen. Interessant ist, daß einige neue Funde auf-
grund ihrer Hinweise ausgegraben wurden.

Mittlerweile erstrahlt der gesamte Götterberg
im warmen Morgenlicht. Die Kälte der Nacht ist
aus meinen Gliedern gewichen. Wie ein winziges
Menschlein komme ich mir vor zwischen den
riesigen Statuen. Allein ihre herabgestürzten
Köpfe sind wesentlich größer als ich. Vor der
einzigen weiblichen Gestalt der steinernen Göt-
terversammlung bleibe ich stehen. Sie vereint in
**Die dreifaltige**  sich Fortuna, Demeter und Tyche, die morgen-
**Göttin**  und abendländischen Göttinnen der Fruchtbarkeit. Ihr aus dem Felsen gehauener Rumpf ist leer.
Der dazugehörige Kopf steht aufgerichtet ein
paar Meter weiter entfernt. Er trägt einen Schleier
und eine Art Turban aus Früchten. Ich erinnere
mich an ein 1961 aufgenommenes Photo, das ich
tags zuvor im Hotel Kommagene in Kahta gesehen hatte. Das zeigte die Göttin noch in unzerstör-
ter Vollkommenheit. Sie wurde, wie ihre
Leidensgenossen zuvor, Opfer eines Erdbebens
und Blitzschlags Mitte der sechziger Jahre. Wie
alle anderen Kolossalstatuen ist auch sie viel zu
schwer, als daß man ihren Kopf wieder auf den
Körper setzen könnte. Fast unbeschädigt hinge-

gen sind die gewaltigen Reliefs. Begrüßungssze-
nen sind darin eingemeißelt. Apollon, Herakles,
Zeus, sie alle reichen Antiochos die Hand und
heißen ihn willkommen in der Gemeinschaft der
Götter.

*Das erste Horoskop der Welt: Es zeigt den Tag der »Ver-göttlichung«von Antiochos an*

Am Ende der Westterrasse erhebt sich eine
enorme Steinplatte: das griechisch anmutende
Relief eines Löwen, versehen mit astrologischen
Symbolen. Dies ist das heute so berühmte Löwen-
horoskop, in Archäologiekreisen wurde es bekannt als das erste aufgefundene griechische
Horoskop. Aus der Stellung all dieser Himmels-
körper zueinander errechneten Astrologen ein
Datum: den 7. Juli des Jahres 62 vor Christus.
Antiochos regierte sein kleines Königreich Kommagene von 69 bis 34 vor Christus, und durch

Inschriften, die ebenfalls hier auf dem Nemrut Dagi zum Vorschein kamen, weiß man, der 16. Januar war sein Geburtstag, der 10. Juli sein Krönungstag. Der König hinterließ Geldmittel und ordnete an, jedes Jahr sollten Priester und Musikanten »auf ewig« seine beiden Gedenktage durch besondere Festlichkeiten ehren. Lange hat es gedauert, bis Wissenschaftler den Schlüssel zu dem in Stein geschriebenen Horoskop fanden. Am oberen Rand des Löwenreliefs sind drei große, sechzehnstrahlige Sterne zu erkennen. Sie symbolisieren die Götter Herakles, Apollon und Zeus. Der Halbmond an der Löwenmähne steht für die Mondgöttin Tyche, und der Stern über der Sichel ist Regulus, der Hauptstern des Sternbildes Löwe. Am 7. Juli 62 vor Christus zogen tatsächlich nacheinander die Planeten Mars, Merkur, Jupiter und der Mond dicht am Regulus vorbei. Es war der Tag, an dem Antiochos seine Verwandlung in einen Stern erlebte und den Göttersaal betrat.

**Vermessener Wunsch nach Unsterblichkeit**

Ein unglaublich eitler König, der es wahrscheinlich nicht ertragen konnte, daß auch ihn der Tod hinwegraffen würde wie den geringsten seiner Untertanen, hat vor 2000 Jahren den Versuch gemacht, in einer völlig abseits gelegenen Landschaft eine abseitige Idee unsterblich zu machen. Und es ist ihm gelungen!

# Der Van-See –
# Stumme Zeugen erzählen

Die schwarzen Stadtmauern von Diyarbakir liegen hinter mir, der an Menschen und Waren überquellende Bazar mit seinen Karawansereien, deren Pracht im Schmutz der Jahre verfallen ist. Noch explodieren in meinem Kopf die Hammerschläge aus den Schmieden, noch liegt auf meiner Zunge das Aroma des süßen Tees, den ich in einer schattigen Lokanta kochendheiß genossen habe. Hinter mir liegt die Ulu Cami, die gedrungene Seldschukenmoschee, in deren Innenhof ein paar korinthische Säulen an Byzanz erinnern. Mein Weg führt nach Nordosten durch ein steiniges Hügelland, das kraftlos unter der Sommerhitze stöhnt. Silvan, ein kleiner Ort, der einst der Hauptsitz des armenischen Großreiches der Artaschiden war, bleibt zurück. Eine alte Moschee, eine Festung, die Justinian erbaute – mehr ist nicht zu sehen.

Bei Catakköprü trifft die Straße auf einen Nebenfluß des Tigris, den Batman Suyu, den eine Brücke aus dem 12. Jahrhundert überspannt. Die Artukiden hätten sie gebaut, erzählt der Reiseführer. Doch wer waren diese Artukiden? Ich habe **Die Artukiden** nie von ihnen gehört. Eine Türkendynastie, die als Gefolgschaft der Seldschuken nach Anatolien kam und hier für hundert Jahre ein kleines Reich

beherrschte. Die Annalen berichten, die Artukiden seien weitherzige Krieger gewesen, die den
Christen gegenüber duldsam waren und sich am
liebsten den schönen Künsten widmeten. Die
Brücke von Catakköprü bestätigt diesen Bericht.
Ihr Ebenmaß macht sie zum schönsten Baudenk-
mal auf der weiten Strecke nach Van.

Kurz vor Baykan erreicht die Straße die Berge.
Von hier ab folgt sie einem kleinen Fluß, der sich
durch eine schroffe Talschlucht windet. Erst Bitlis
hemmt ihren raschen Lauf. Es heißt, Alexander
der Große habe diese Festung gegründet. Doch
die wuchtigen Mauern, die heute drohend den
Weg versperren, stammen aus der Zeit der Osmanen. Die Enge des Tales verlassend, erklimmt die
Straße gleich hinter dem Ortsausgang ein Hochplateau, dessen weiche Bodenwellen an fernen
Bergen zerrinnen wie Meereswogen am Deich.
Durch das trockene Grau des harten Lavabodens
schimmern fahlgelbe Stoppelfelder, abgeerntet
und ihres Sinns beraubt. Einige Ziegen, die sich in
der Weite wie dunkle Punkte ausnehmen, zupfen
an dem wenigen Grün, das zwischen den Steinen
sprießt. Abseits des Weges hat sich eine Kara-
wanserei tief in das Erdreich gegraben, als gäbe
dies ihr Geborgenheit. Längst verlassen von den
bunten Händlerscharen, die hier auf dem Wege
von Syrien nach Van Schutz vor allen Gefahren
fanden, liegt sie wehrlos in der Abendsonne,
gleich einem zahnlosen Wächterhund, dem seine
Herren einen Fußtritt versetzen, weil er nicht
mehr zu Diensten steht. Mit einem flüchtigen
Schnitt zerteilt die Straße die Öde, springt über
eine flache Hügelkuppe und fällt geradezu wie
ein Pfeil in den Van-See zu ihren Füßen. Tatvan
nennt sich der bescheidene Ort am Ufer der un-
endlichen Wasserfläche.

Tintenblau wie der Himmel, still wie sein un-
erforschbarer Grund liegt er da. Nur der Schatten-
riß eines Gipfels am fernen Horizont läßt erahnen,
daß dieser See ein Ende hat, wie alles, das Zeit und
Raum unterworfen ist. Ein Riesentürkis in einer
kostbaren Fassung. Mein Blick umfaßt einen Ring
von Bergen, der die Gestade im endlosen
Schwung einer filigran geschmiedeten Kette
säumt. Das schneebedeckte Haupt des Nemrut
Dagi im Westen glänzt wie ein Diamant. Der
Süphan Dagi im Norden, der Alacabük Dagi im
Süden und der Isik Dagi im Osten – vier glitzernde Edelsteine schmücken die Umrandung des
Sees. Vor Jahrtausenden hat ein Ausbruch des
Vulkans Nemrut Dagi den Abfluß blockiert, so
daß seither allein die Verdunstung die Höhe des
Wasserspiegels bestimmt. Von den zurückblei-
benden Mineralsalzen hat der See seine eigen-     **Ein See ohne**
tümliche Färbung: das seidige Blau eines Veil-    **Leben**
chens. Doch kalt und stumm liegt er da. Er ist
ohne Leben.

Das Land drumherum ist fast menschenleer.
Kleine Nomadenstämme ziehen rastlos über die
Straßen. Hoch zu Pferd treiben sie inmitten ihrer
Herden dahin, deren gebändigter Strom langsam
durch die Landschaft fließt. Im Rhythmus der
unzähligen Hufe schwingen die Leiber der Schafe
und Ziegen. Stolz blicken die Männer, als wäre
die Welt ihnen untertan. Die Frauen sind es gewiß. Unter farbenfrohen Tüchern gänzlich in sich
gekehrt folgen sie als bunte Flecken im Meer
schwarz-brauner Felle einem Weg, der ihnen kein
Ziel verspricht. Hausrat umgibt sie, hoch aufge-
türmt auf den Tragetieren: rußige Kupferkessel,
Töpfe und alles erdenkliche Küchengeschirr. Fein
gewebte Teppiche stapeln sich auf den Rücken
der geduldigen Tiere. Die Frauen haben die

Knüpfkunst aus den fernen Tagen ihres Aufbru-
ches im Osten mitgenommen als letzte Wurzel,
die ihnen blieb. In die Bilder ihres Teppichs
schreiben sie ihr ganzes Wissen hinein, ihre Sehnsucht und Träume. Ein winziges Volk treibt durch
die Einsamkeit im Gezeitenfluß der Wetterregeln.
Dort, wo die Herde gerade Nahrung findet, ist
ihre Heimat. Landesgrenzen beachten sie nicht.
Es ist ihnen gleich, wer derzeit als Machtausüben-
der das Zepter trägt.

**Schicksale der**     Die winzigen Nomadenstämme bilden die
**Nomadenstämme**    Nachhut der zahlreichen Völkerscharen, die einst
dieses Land durchzogen und sich hier niederlie-
ßen. Auf Dauer verweilen konnten sie nicht. Denn
andere Völker rückten nach und errangen die
Vorherrschaft. Der ständige Kampf, das Kommen
und Gehen, die Lage im Schnittpunkt der Welten
hat alle Reiche am Van-See zermürbt und zerrie-
ben. Urartäer und Assyrer, Hethiter, Meder und
Skythen, Perser, Griechen, Römer, Byzantiner –
sie alle hatten hier Fuß gefaßt, gebaut, gelebt und
sind dann vertrieben worden. In den Jahren, da
Kaiser Heinrich IV. barfuß nach Canossa ging (25.
Januar 1077), um von Papst Gregor die Aufhe-
bung des Bannfluches zu erflehen, da Wilhelm
der Eroberer die Schlacht von Hastings gegen den
König Harold gewann (14. Oktober 1066), trat
auch die Stadt Manzikert (Malazgirt), wenige Kilometer vom Van-See entfernt, für einen Tag auf
die Bühne der Weltgeschichte. Der von einem
Beutezug heimkehrende Seldschukensultan Alp
Arslan vernichtete mit seiner kleinen Streitmacht
von 15 000 kampferprobten Kriegern das 100 000
Mann starke Heer des Byzantinerkaisers Roma-
nos IV. (26. August 1071). Alp Arslan machte
damit nicht nur seinem Namen »Löwenherziger
Held« alle Ehre; er gab Kleinasien ein neues Ge-

schick und stieß das Tor nach Europa auf. Wenige
Jahre später bereits standen plündernde Sel-
dschuken am Bosporus, und im Jahr 1114 erklär-
ten sie Konya zur Hauptstadt – fast 1000
Kilometer weiter im Westen. Die christlichen
Kreuzzüge, der furchtbare Mongolensturm unter
Timur Lenk konnten den endgültigen Sieg der
türkischen Völker über das oströmische Reich nur
noch hemmen, nicht verhindern. 1453 starb By-
zanz und wurde zu Istanbul. Manzikert: Nur
Stadtmauerreste erinnern an das, was vor 900
Jahren in dieser Gegend geschah.

Aus unentwegtem Völkergemisch war hier
oben das Volk der Armenier entstanden. Auch sie
sind vom Van-See verschwunden – verfolgt, vertrieben, ausgerottet. Die Armenier hatten als erste
im Jahr 303 das Christentum zur Staatsreligion
erhoben. Klöster-, Kirchen- und Grabruinen bilden ihr trostloses Erbe. Doch wer Ani viel weiter
im Norden besucht, der erkennt an den gewaltigen Resten der Stadt die Macht, den Reichtum
und die kunstverständige Schaffenskraft des alten Armenien, dessen Herrschaftsbereich sich
vom Schwarzen Meer bis nach Syrien erstreckte.

Meine Gedanken wandern zurück auf die
Schulbank, als diese Zahlen und Namen kaum
Spuren erzeugten. Da ist Franz Werfels Roman
»Die vierzig Tage des Musa Dagh«, der eine kurze
Episode aus dem Untergang der Armenier be-
leuchtet. Hier oben, im rauhen Klima der men-
schenleeren Weite, in der nur Steine Zeugnis
geben können, nehmen die Daten, Namen und
Geschicke Gestalt an. Das verödete Land läßt
mich ahnen, wieviel Gewalt seit Menschengeden-
ken das Schicksal der Völker am Van-See bestimmte. Jedes Bauwerk zeigt offene Wunden.
Die Kurdendörfer verkriechen sich in die Flanken

**»Die vierzig Tage
des Musa Dagh«**

der Berge, als seien sie auf einer ständigen Flucht. Ich mag als friedlicher Tourist den Van-See bereisen – um mich herum und über mir ist stets eine Bedrohung zu spüren.

Nachts streifen Militärjeeps durch das unwegsame Gebirge. Stacheldraht und mannshohe Wälle verwehren den Blick auf Panzer. Schlagbäume, dahinter Soldaten mit blankem Bajonett, verweigern den Zutritt nach Toprakkale, einer Urartäer-Festung. Das Land fürchtet erneut einen Aufruhr. Türken und Kurden warten voller Argwohn. Die Kurden suchen ihre eigene Identität, die die Türken ihnen abgesprochen haben. Das grausame Rad der Unduldsamkeit beginnt sich wieder zu drehen, und alle Lehren sind vergessen.

*Gegenwart und Vergangenheit am Van-See: Hirtenleben und die urartäischen Königsgräber von Tuspa*

Gräberfelder und zerfallene Burgen, Felsinschriften und Stätten des Glaubens – Spuren der Vergangenheit, die Geschichte des Van-Sees. Die Urartäer hatten schon 1000 Jahre vor Christus in dieser Landschaft ein großes Reich errichtet. Ihre

mächtigen Fürsten boten Assyrien Trotz. Ihr kost-
bares Bronzegerät war selbst bei den Etruskern
begehrt. Reichtum als Folge ihrer Kunstfertigkeit
und eines tüchtigen Kaufmannssinnes. Ihre großartigen Bewässerungskanäle sind teilweise heute
noch nutzbar. Ein dichtes Netz gewaltiger Felsen-
burgen stützte die weitreichende Macht. Die Burgen von Cavustepe, Hosap, Toprakkale und
Tuspa, dem heutigen Van, wurden nach dem gleichen Muster gebaut. Ein hoher Fels mit ringsum
steil abfallenden Wänden war Plattform und
Schutzwall zugleich. Mächtige Steinblöcke, fein
säuberlich gemeißelt und so sorgfältig aneinan-
dergefügt, daß keines Messers Schneide Platz in
ihren Fugen findet, formten das Mauerwerk. Die
Vorräte waren in großen Keramikamphoren ge-
speichert, und das Regenwasser wurde in riesigen Kammern gefangen. Die festen Plätze der
Urartäer waren vom Feind kaum einzunehmen.
Tuspa war die stärkste ihrer Burgen. Bis in die
jüngsten Tage diente sie dem türkischen Heer als
Standquartier.

Tuspa sitzt wie eine Krone auf dem Felsenberg, **Tuspa**
der als gewaltiger Monolith hoch über dem See-
ufer aufragt und dessen senkrechte Wände niemand erklettern kann. Von der Höhe nach unten
sind breite Treppen roh in den Granit gehauen.
Sie enden im Nichts oder im Tempel der Götter,
wie die Historiker meinen. Denn der Zugang zur
Burg war unter der Erde angelegt, so daß kein
Fremder ihn finden konnte. Sigirya auf Ceylon
kommt mir in den Sinn, wo ebenfalls Götter und
Fürsten zusammenlebten, hoch über den Wolken.

Als ich den steilen Weg zur Burg besteige,
bricht die Sonne durch ein schweres Wolkenband, das über den Himmel zieht, und wirft ihr
gleißendes Licht auf den hellgrauen und ockerfar-

*Tuspa – Festungs-
bau der Urartäer
am Van-See*

benen Felsen. Es ist, als würde er zu einem Festtag
bestrahlt. Alles Bedrohliche ist dahin, und der
Rundblick über das Blau des schillernden Wasserspiegels bis hin zu den Gipfeln der Berge steigert
sich in großartiger Schönheit. Über einen schmalen Pfad entlang der südlichen Steilwand gelange
ich zu einer niedrigen Pforte, deren Rahmen ein
langes Band urartäischer Keilinschriften bedeckt.
Sie berichten von den Tagen des Königs Argisti,
der zu einer Zeit, als Rom noch nicht gegründet
war, hinter dem knappen Einlaß seine Grabkam-
mern anlegen ließ. Verblüfft stelle ich mir die
Frage, mit welchem Werkzeug es den Urartäern
möglich war, den riesigen Raum und die kleineren Nebenkammern in den Fels zu graben und die
Wände so eben zu glätten, als wären sie mit einer
Presse gewalzt und auf das Feinste ausgeschmir-
gelt. Das Volk, das dies in Urzeiten vermochte,
besaß eine Hochkultur, die der der Ägypter entsprach.

Wie ein Stab aus Leuchtkristall fällt der abend-
liche Sonnenstrahl in die Dunkelheit des Raumes,
wandert über den Boden, verengt sich und erlischt, als das schmale Tor ihm weiteren Einlaß
verwehrt. Die zeitlose Stille des Todes hält mich
umfangen. Sie schwebt so leicht, als hätte sie Flügel. Sie hüllt mich ein, und ich lasse mich von ihr
durchdringen. Ein Wärter zerbricht die magische
Kraft der friedvollen Ruhe. Mit dürren Worten
beginnt er herunterzuleiern, wer alles hier begraben sei. Wertvolle Bronzeleuchter hätten einst für
die Toten geleuchtet. Doch schon die Perser hätten sie aus den Wänden gerissen und als Raubgut
entführt. Wer weiß, was daran stimmt. Es tut
ohnehin nichts zur Sache. Xerxes war hier, das ist
gewiß. Hoch in der Felswand ließ er es in den
Stein eintragen, damit es nicht vergessen würde.
Er bangte um seinen Ruhm, der ihm Gewähr für
seine Unsterblichkeit war. Gleich drei Schriftspra-
chen ließ er verwenden – babylonisch, achämeni-
disch und medisch –, damit die ganze Welt es
wisse.

Der rauhe Ruf des Muezzin springt vom Minarett der Ulu-Moschee über die pockennarbigen
Felder am Fuße des Felsens, von dessen Wand er
zurückprallt, um ungehört hinauszufliegen in die
Weite des Sees. »Alláhu akbar!« – Allah ist groß.
Aber das alte Van ist gestorben. Unter den riesigen Maulwurfshügeln, die die Ebene bedecken,
liegt eine ganze Stadt begraben. Was eigentlich
geschehen ist, mag keiner offenbaren. Noch Mei-
ers Großes Lexikon von 1909 beschreibt den Ort
als Sitz des Gouverneurs mit 30 000 Einwohnern,
Armeniern, Türken, Kurden, mit zwölf armenischen Kirchen, elf Moscheen, lebendigem Handwerk und allerlei Kleinindustrie. Nichts ist
geblieben als die häßlichen Hügel, geborstene

**Die versteckte
Stadt**

*Ein Juwel armeni-
scher Baukunst: Die
Kirche von Ahtamar*

Mauern, Asche und Schutt, die eine lange Geschichte bedecken. Hat die abziehende Zarenar-
mee im Ersten Weltkrieg alles dem Erdboden
gleichgemacht? Oder waren es die Türken, die die
Armenier auf ihren Todesmarsch in die Wüsten
des Trak schickten? Wen immer ich befrage, keiner kann das bittere Geheimnis lüften, das aus
dem zerschundenen Boden spricht.

Es ist wie ein Wunder: Zwei prächtige Moscheen haben die Gewalt überlebt. Doch ihre Tore
sind verschlossen, und das Gebet verhallt klagend im Wind. Die Wolken reißen wieder auf. Die
Sonne sinkt gegen Westen und schickt ihr letztes
Licht zur Erde. Ein Strahl fällt auf das Minarett
und auf das Kuppeldach, und die Moschee beginnt im Dämmergrau zu leuchten. Zwei barfüßi-
ge Buben treiben ihre Kühe durch das sumpfige
Gras zum früheren Festungsgraben. Friedlich
weidet das Vieh im frischen Grün, unbekümmert

über den Zwist, der diese Stadt verdarb, und ohne
Blick für die Götter und die alten Kulturen.

Jenseits des Grabens beginnt ein unbebautes
Feld mit dornigem Gebüsch und hohen trockenen
Gräsern. Zwei zierliche Säulentürben darin blie-
ben gleichfalls verschont, zwei seldschukische
Grabmonumente, die Zeugnis ablegen vom Glau-
ben und Reichtum der in ihnen ruhenden Toten.

Urartäer, Armenier, Seldschuken, Kurden und **Schmelztiegel der**
Türken – der Van-See ist ein Schmelztiegel der **Völker**
Völker. Die Kreuzkirche von Ahtamar ist das
kostbarste Erbstück, das die Armenier dem Land
hinterließen. Aus der Tiefe des südlichen Sees
wölbt sich flach, nicht weit vom Ufer beim Fi-
scherdorf Gevas entfernt, ein schmaler Inselrük-
ken. In seiner Mitte steht, deutlich erkennbar, das
kleine Gebäude scharf geschnitten wie ein Berg-
kristall. Licht und Schatten spielen in den Wänden. Einzig das Bauwerk aus dem 10. Jahrhundert
hat die königliche Residenz überlebt, die einmal
das ganze Eiland bedeckte. Nicht ihr ehrwürdiges
Alter, sondern das in den roten Sandstein ge-
schnitzte biblische Bilderbuch schlägt mich in den
Bann. Daniel in der Löwengrube, Jonas und der
Wal, das Opfer Abrahams, Samson bei den Phili-
stern, David und Goliath, der Sündenfall – alle
Legenden und Geschichten des Christentums haben in einer kindlichen Bildersprache Gestalt
angenommen. Blumen und Rebengirlanden **Die Kreuzkirche**
schmücken das Rahmenwerk aus. Ringer, Jäger, **von Ahtamar –**
Tänzer und Bauern ziehen im freudigen Reigen **das kostbarste**
um das verlassene Gotteshaus. Im Innenraum, an **Erbstück der**
den Deckengewölben in prächtigen Farben liebe- **Armenier**
voll ausgemalt – die Mutter Maria. Im Ahtamar
der frühchristlichen Künstler hat der einfache
Glaube an Gott seinen herrlichsten Ausdruck gefunden. Die Vielfalt der Bilder verwirrt mich. Ich

gehe ihnen nach und suche nach einem Schlüssel.
Von jeder Einzelheit gefesselt, vermag ich nichts
Ganzes zu sehen. Einen Schritt zurück – und vor
mir steht die Harmonie der Komposition, die wie
ein Chor aus vielen Stimmen das Lied von Gottes
Liebe singt.

Ein zärtlich geschliffener Stein ist diese Kirche
und zugleich ein Höhepunkt dessen, was Kleinasien in seiner langen Kultur geschaffen hat. Bild-
formen des innerasiatischen Altertums, byzantinische Ikonographie, sassanidische Felsskulpturen verbinden sich mit der Kunst der Hellenen,
der Christen und auch des Islam. Sie alle haben
dem Kleinod von Ahtamar Pate gestanden.

**Das Gräberfeld von Ahlat**

Nur der Wind und die Sonne besuchen das
Gräberfeld von Ahlat, die Totenstadt der Seldschuken. In den strengen Gliedern einer kampf-
ergrauten römischen Legion reihen sich die
schlanken Stelen. Reiche Ornamentik und Suren
aus dem Koran bedecken in der schwungvollen
Schrift des Orients die steinernen Flächen. Die
Toten leben, leben in diesem Stein, dessen Gebin-
de und Ranken ohne Anfang und Ende sind. So
will es die Kunst des Islam. So sieht der gläubige
Mohammedaner das Leben. Selbst der kleinste
Flächenteil dient zur Verzierung, deren wild miteinander verschlungene Bänder eine klare Ordnung beherrscht, so wie das Gesetz des Koran die
Wege des Daseins bestimmt.

Trotz aller islamischen Eigenart ist die Ver-
wandtschaft zur armenischen Kunst unverkenn-
bar. Und im Museum von Van steht ein Stein, der
erst einem Urartäer, dann einem armenischen
Christen und schließlich einem Moslem zum Ge-
denken geschmückt worden ist. Auf ihm hat sich
die Kunst dieser Völker verewigt, ist eins geworden mit dem Grau des Gesteins, ohne die eigene

Art preiszugeben. Sie hat sich im ewigen Kommen und Gehen verbunden, dem Wandel der Zeit unterworfen und überlebt. Sie ist einen weiten Weg gegangen – bis nach Europa. Den romanischen Kirchen, den gotischen Gewölben und dem Schmuck der Portale hat sie ihr Wesen mitgegeben.

Die Lebenden am Van-See sind sich dessen nicht bewußt. Sie hören die Worte der Alten nicht, und in den Schriften können sie nicht lesen. Vergessen ist, was vergangen ist. Unwirtlich und hart ist die Erde. Winzige Lehmdörfer verbergen sich in den schützenden Flanken der Berge. Flach in die Erdfalten gedrückt, bieten die Hütten den Menschen nur ein kümmerliches Dasein. Ein paar magere Hühner, das unverzichtbare Schaf und ein dürftiges Getreidefeld ist alles, was sie besitzen. Ihr Reichtum ist die Gastfreundschaft. Das letzte Fladenbrot, die Schale Sauermilch werden freudig mit dem Fremden geteilt.

**Ihr Reichtum ist die Gastfreundschaft**

Ich denke zurück an einen späten Abend, als ich mein Zelt in der Wildnis aufschlagen wollte. Kaum hatte ich meinen Jeep zum Stehen gebracht, als aus dem Nichts ein älterer Bauer erschien. Er sah, was ich wollte, und begann den Boden von den Disteln zu säubern. Sein Kurdisch verstand ich nicht. Als das Zelt stand, ging er mit freundlichem Winken. Keine Viertelstunde später kam er zurück mit seiner ganzen Familie. Brot, Joghurt, frisches Wasser, jeder trug ein kleines Geschenk in den Händen. Ich wußte wohl, daß sie selbst nicht viel hatten. Was aber sollte ich tun? Die Annahme der Gastfreundschaft verweigern? Das wäre wohl das Schlimmste gewesen. So holte ich Obst, das ich im Bazar von Diyarbakir erstanden hatte: Weintrauben, eine Melone, Apfelsinen. Die Kinder kannten diese Früchte nicht. – Der Abend

hätte kein Ende gefunden, wäre ich nicht schließlich in meinen Schlafsack gekrochen. Um Mitter-
nacht schreckte ich hoch. Soldaten hatten das Zelt
entdeckt. Ein türkischer Leutnant wollte mich vor
den Kurden warnen. Mißtrauen untereinander
und Freundlichkeit dem Fremden! Welch Unver-
stand, der diesem Land den Frieden nimmt.

Van-See – über ihm liegt das traurige Licht des
Vergessens. Stumm sind die Berge, leblos der See.
Die Erde grollt. Sie beutelt den Menschen und
setzt ihre Waffen gnadenlos ein. Der Lavastrom
des Nemrut Dagi hat dem Wasser seinen Fluß
genommen. Der Schnee hält im Winter die Dörfer
gefangen. Stürme verhängen den Himmel. Und
der Boden bebt mit der Urgewalt zorniger Götter.
Wunderschönen Blumen gleich hat der schöpfen-
de Mensch zarte Zeichen gesetzt im Glauben an
die versöhnliche Kraft seiner Liebe. Der Wind
streicht über alles hinweg voller Gleichmut, doch
als nagender Mahner der Zeit.

# Ein alter biblischer Landstrich – Wo die Arche Noah landete

Seit der Mensch die Finsternis überwand und den Sinn seines Daseins zu ergründen versucht, haben die Bergkegel des Fujijama, des Kilimandscharo und des Ararat in Ostanatolien seine Phantasie beschäftigt. Aus dem glühenden Magma des Erdinneren geboren und mit einer unvorstellbaren Energie in den Himmel geschleudert, erstarrten sie zu riesigen Pyramiden, deren klare Formen den sichtbaren Erdkreis bis an die Horizonte beherrschten. Ihre Häupter sind zumeist hinter den Wolken verborgen, als ob ein Gott sein Antlitz verhüllt. Doch wenn das Wetter gnädig ist und den grauen Vorhang zerreißt, dann strahlen die Gipfel in silbernem Weiß, dessen überirdische Reinheit sich mit dem Blau des Alls verbindet. In ihrer unvergänglichen Schönheit und majestätischen Pracht weisen sie den Weg in die Ewigkeit. Dem menschlichen Auge offenbart und für seinen Fuß dennoch unerreichbar, waren sie bildhafter Ausdruck felsgewordener Göttlichkeit. Es nimmt nicht wunder, daß die Mythen sich um diese Berge ranken und der Mensch sie zum Sitz des Unvorstellbaren macht.

**Faszination majestätischer Berge**

Der Ararat, verkündet das Alte Testament, sei der Ort, zu dem die Sintflut die Arche Noah spülte. Er wird damit zum Quell allen Lebens, nachdem eine sündige Welt in den Wassermassen des göttlichen Zorns verdorben war. Er war die Pforte auf dem Wege zur Erneuerung, die die Allmacht dem Weiterleben eröffnet hat. Der Mensch wird hier vor seine Seele gestellt. Allein im Bewußten leben kann er nicht. Zu stark fühlt er sich hingezogen zu allem, was vergänglich ist. Das ist für ihn greifbar, sichtbar, körperlich. Festhalten an jedem Augenblick, als könne er den Lauf der Zeit anhalten, deren Rad sich trotzdem unvermeidlich dreht. Jeder weiß um diesen Widerspruch und schaut dennoch zurück, da alles vor ihm unergründlich scheint. Der Ararat blickt still auf die lebenden Täler herab und zeitlos auf die Gestirne. In seinem Herzen aber scheint der Groll zu keimen, und seine Flanken beben, wenn er sein Schweigen wütend bricht.

Auf dem Wege von Van in die Einsamkeit des Berges begegne ich den Spuren seines Tobens. Zuerst führt die Straße noch an urartäischen Burgruinen und geschäftigen Dörfern vorbei. Wie ein liebevoller Magnet zieht der Van-See immer wieder den Blick auf sich. Klar wie ein Türkis, doch ohne dessen Härte. Weich und warm liegt er in der Sonne, leuchtet, als wäre er das Auge des Glücks.

**Muradiye**    Dann kommt der Schock. Muradiye – der Name auf dem Ortsschild kommt mir bekannt vor. Das Dorf sieht aus, als seien betrunkene Riesen hier durchgetrampelt. Die Mauern stehen schief, sind geborsten oder eingestürzt. Dächer hängen über den Wänden wie schief aufgelegte Kochtopfdeckel. Einige sind mit zersplittertem First zwischen die Trümmer gefallen. Die Schlagzeilen fallen mir wieder ein. Mitten im Winter hat vor wenigen Jahren ein furchtbares Erdbeben diesen Landstrich heimgesucht. Wer den stürzenden

Häusern entronnen war, der erfror oder starb
einen langsamen Hungertod. Zahllose Menschen
waren vom Schnee eingeschlossen. Flugzeuge
warfen Hilfsgüter ab, doch häufig fanden die Pi-
loten kein lebendes Ziel. Das absolute Chaos
herrschte, und bis heute ist wenig zum Wiederaufbau getan werden.

Plastikfolien und verrostete Wellblechstücke **Ein Erdbeben**
bedecken mühsam die klaffenden Löcher, die die **und seine Folgen**
Urgewalten in die Dächer und Hüttenwände
schlugen. Die Natursteinmauern der Häuser sind
immer noch so ausgebeult, als litten sie an Furun-
keln, die jederzeit zerplatzen könnten. Die Menschen sind anders hier, erbärmlich arm. Die
Kinder tragen zerrissene Kleider, die offensichtlich nie gewaschen werden. Der Fremde wird
schonungslos angebettelt. Ich halte meinen Wagen an, und sogleich ist er von Kindern und Frau-
en umringt, deren gierige Hände und Augen alles
erfassen, was ihnen verwertbar erscheint. Wüten-
der Angriffsgeist liegt in den Stimmen, die irgend
etwas haben wollen. Sie stoßen einander beiseite,
um näher heranzudrängen. Dies wirkt wie ein
Raubüberfall und ist doch nichts anderes als die
Folge des traurigen Überlebenskampfes, dem die
Menschen hier oben ausgesetzt sind. Wo ist die
freundliche Würde der Türken, die mich von der
Ägäisküste bis in die fernsten Winkel des anatolischen Ostens begleitet hat? Wo ist die Gastfreundschaft, in die ich ständig eingebettet war?
Die furchtbare Wucht der Erdstöße hat alles zerstört. Die Hoffnung, das Lächeln, die zurückhal-
tende Freundlichkeit. Unerbittliche Not hat alle
Regeln gesprengt und die Menschen in ein Verhalten zurückgeworfen, in dem nur das Faustrecht des Stärkeren gilt. Ein paar Geldstücke aus
dem Fenster geworfen, und mein Fluchtweg ist

frei. Steine fliegen mir hinterher, und ich höre noch die enttäuschten Rufe der Zurückgebliebenen.

Urgewalten, festgebunden in Stein – das ist die Landschaft, die nun vor mir liegt. Die wenigen Pflanzen sind in der Hitze verdorrt, Disteln und Dornen, vereinzelt ein trockener Ginsterbusch. Das Gras ist gelb gebrannt. Es hat monatelang nicht geregnet. Schafe und Ziegen, magere Geschöpfe, sind die einzigen Lebewesen, die mir begegnen. Scharfkantige Schluchten, nackte Felskuppen und schroffe Bergwände säumen die Straße und tragen mich immer weiter empor, bis die Luft dünner wird und der frische Höhenwind die lastende Hitze vertreibt. Frostig starr wie eine Gletscherzunge drängt sich der Lavastrom, den einst der Ararat ausspie, durch Mulden und Täler. Die glühende Masse hat alles vor sich niedergerissen und unter sich eingewalzt, bis sie, tiefschwarz und leblos erkaltet, sich selber Einhalt gebot. Mit Fangarmen, die in unzähligen Verästelungen den kleinsten Winkel ertasten, hält der Berg sein weites Umfeld umklammert. Das Lavageröll ist brüchig. Unter meinen Schuhen zerbröselt der mürbe Stein und läßt nicht einmal mehr erahnen, mit welcher Wucht er aus der Höhe niederschoß, um sich das Land zu unterwerfen. Er strahlt Todeskälte aus und wirkt in seiner Masse wie ein Leichentuch. Mich fröstelt. Ganz plötzlich.

**An der Grenze zum Iran** Ich bin froh, als ich in Dogubayazit wieder auf Menschen treffe. Die 30 000-Einwohner-Stadt ist Grenzstation zum Iran. Wo heute auf der Transitstrecke zwischen Europa und Persien die Lastwagenkolonnen dahinrollen, zogen früher die Händlerkarawanen auf der Seidenstraße nach Täbris. Schön ist Dogubayazit wirklich nicht, aber

unglaublich lebendig. Zwischen die bunt gekleide-
ten kurdischen Bergbewohner mischen sich viele
Fremde. Pilgerreisende vor allem und Bergsteiger,
die den Gipfel des Ararat bezwingen wollen.

Ein Stück Tausendundeine Nacht am Anfang   **Das Ishak-Pasha-**
und Ende der Welt – das ist das Ishak-Pasha-   **Sarayi**
Sarayi, sechs Kilometer südöstlich von Dogubayazit. Die Straße windet sich hinauf ins
Gebirge. Wie ein weiter Trichter öffnet sich unter
mir die steinerne Wüste der Ararat-Ebene. Im
letzten Tageslicht leuchtet das mineralhaltige Gestein in prachtvollen Farben: rot, grün, lapislazu-
liblau. Aus dieser gewaltigen Kulisse, deren
Wildheit auch die Abendsonne nicht mildert, erhebt sich auf einem mächtigen Felsen der Palast
des Kurdenemirs Ishak Pasha. Von fern wirkt er
wie ein orientalisches Lustschloß, in dem freilich
auch Allah ein Platz eingeräumt war. Ein schlan-
kes Minarett, von weißen und roten Ringen gehalten, sticht wie ein Bleistift in den blutroten
Himmel. Neben ihm, hochaufgewölbt, die Kup-
pel der Moschee. Ishak Pasha scheint ein frommer
Mann gewesen zu sein. Sein Gotteshaus wirkt wie
ein einziger Lobgesang auf die Macht des Koran.
»Alláhu akbar – Allah ist mächtig!« Beim Näherkommen jedoch sieht das alles gar nicht mehr so
friedvoll und gottesfürchtig aus. Ein mächtiges
Festungsschloß ragt da aus dem felsumschlosse-
nen Gebirgskessel auf. Der uneinnehmbare
Standort, an dessen Mauern vorbei sich die alte
Karawanenstraße durch die Berge windet, läßt
erahnen, woher dieser Statthalter aus dem fernen
Istanbul den Reichtum bezog, mit dem er seinen
prachtvollen Bau bezahlte. Übermäßig hohe Tri-
bute wird er den vorbeiziehenden Händlern ab-
verlangt haben, bevor er sie friedlich ihrer Wege
ziehen ließ. Diese Zolleinnahmen, die eigentlich

*Festungsschloß und märchenhafte Palastanlage des Ishak-Pasha-Sarayi bei Dogubeyazit*

in die Sultanskasse nach Istanbul gehörten, investierte Ishak Pasha in seinen eigenen Palastbau.

Noch aus der Ferne betrachtet wirkt die märchenhafte Schloßanlage wie ein harmonisch gewachsenes architektonisches Ganzes. Doch beim Näherkommen entpuppt sich das Bauwerk aus dem 18. Jahrhundert als eine Mischung aus seldschukischen und persischen Stilelementen, auf die selbst der europäische Barock Einfluß ausübte. Darunter aber, und das ist das Überraschende an diesem Palast, hat seine Einheit keineswegs gelitten. Prächtiges, reiches Reliefdekor überzieht die Mauern des Ishak-Pasha-Sarayi. 366 Räume hat es einmal gehabt: Divan, Harem, Bäder, Bibliothek, Militär- und Verwaltungszentren und unzählige Wohn- und Schlafgemächer. Es gibt nicht seinesgleichen, außer vielleicht Istanbuls Palastjuwel Topkapi-Sarayi.

Und wieder bin ich allein in dieser vergessenen

biblischen Mondlandschaft. Mein Wagen hat nur
eine kleine Kurve durchfahren. Zu unermeßlicher
Größe reckt sich der Ararat auf, berührt fast den
Himmel, schiebt ein weißes Wolkenband zur Seite und zeigt sich hoheitsvoll in seiner ganzen
Pracht. Er schwebt über dem Lavafeld und der
verwüsteten Erde. So weit entfernt wie die Sterne
erstrahlen seine weißgekrönten Häupter. Vor der
unnahbaren Majestät dieser Erscheinung erlischt
jede Frage nach seinen Eigenschaften. Gut oder
böse – er ist. Irgendwo dort oben, in den eisigen
Gipfeln des Ararat soll die Arche Noah gelandet
sein. Doch wo? Der biblische Text bezieht sich ja
nicht auf den einzelnen Berg, sondern auf das
ganze Gebirgsland Ararat zwischen Van-See, Se-
van-See (UdSSR) und Urmia-See (Iran). Der Landeplatz im Meer der Tränen liege auf dem 4000
Meter hohen Süphan-Berg am Van-See, glauben
die armenischen Christen. Nein, es sei der Cudi
Dagi an der irakischen Grenze, behaupten die
Moslems. Der Koran macht, was den Landeplatz       **Der Landeplatz**
des Propheten Nuh (Noah) angeht, sehr genaue       **des Propheten**
Angaben. In der 11. Sure steht zu lesen: »Und es
nahm ab das Wasser, die Ordnung wurde wieder-
hergestellt und das Schiff hielt auf el-Cudi.« So ist
der geheiligte Berg heute Pilgerziel für viele. Unter dem eisigen Gipfel gibt es ein eingefriedetes
Rechteck, bezeichnet als Schiffslandeplatz. Daneben »Noahs erstes Haus«, »Noahs zweites Haus«,
»Noahs Zisterne«, »Nuhs Moschee« und »Noahs
Kirche«. In friedlicher Eintracht beten dort nebeneinander Christen, Sunniten, Schiiten und Jezi-
den. Sie alle scheuen nicht den oft wochenlangen
Kampf mit Bürokratie und Militärs, um eine Auf-
stiegsgenehmigung zu bekommen. Ihr Glaube
hilft ihnen über die Schinderei dieses mühsamen
Wallfahrtsweges hinweg.

Dem Ararat, der wie ein Wolkenkratzer zwischen den übrigen Berggipfeln aufragt, scheint es gleichgültig zu sein, daß die Pilger die Arche Noah beim kleineren Bruder Cudi Dagi suchen. Oder doch nicht? Ab und zu läßt er tief aus seinem Inneren ein warnendes Grollen hören, ein kurzes Erzittern, dann ist der Spuk vorbei. Voller Schrekken erinnern sich die Bergbewohner an die Geschichten ihrer Urgroßväter, die noch miterlebten, wie vor 150 Jahren der Ararat Feuer spie und das Dorf Ahira mit 2000 Menschen unter den glühenden Magmamassen verschwand. Damals auch wurde das Jakobskloster, das ein Stück Holz der Arche Noah hütete, verschüttet. Die Legende erzählt, ein Mönch namens Jakob habe sein Leben lang nach der Arche gesucht. Immer und immer wieder versuchte er, den Ararat zu ersteigen. **Die Jakobs-** Doch jedesmal überfiel ihn eine bleierne Müdig- **legende** keit, und er mußte aufgeben. Eines Nachts erschien ihm ein Engel und erklärte, er solle die Kletterei unterlassen. Der Berg sei heilig und für niemanden zu betreten. Aber als Lohn für seine Mühen hinterließ er dem Mönch ein Stück Holz der Arche. An der Stelle, an der Jakob seine Vision hatte, entstand ein Kloster, und der Mönch hielt Einzug in die Versammlung der Unsterblichen: Er wurde heiliggesprochen.

Mythos, Legende? Ist Noah überhaupt jemals mit einem Schiff gelandet? Vielleicht gab es gar keine Arche, und der von Gott Auserwählte rettete sich vor der Sintflut, indem er mit seiner Familie und den Tieren zu Fuß den Ararat bestieg. Daß es eine Sintflut gab, daran zweifeln auch Wissenschaftler nicht mehr. Unweit von Cudi Dagi entdeckte der britische Archäologe Charles Leonard Woolley Schwemmlandschichten aus alter Zeit. Und der deutsche Archäologe Friedrich

Bender fand hier im Jahre 1953 Holzreste, deren
Alter er nach der C-14-Methode auf 6500 Jahre
datierte. Zu jener Zeit war Mesopotamien nachweislich überschwemmt. Reste der Arche also?
Deutet die Angabe von 6500 Jahren nicht auf ein
viel älteres Ereignis hin, auf eine Katastrophe weit
vor der biblischen Sintflut?

Vor 130 Jahren fanden Archäologen im Zwei-          **Der Gilgamesch-**
stromland zwischen Euphrat und Tigris in der       **Mythos**
Palastbibliothek des Königs Assurbanipal einen
riesigen Berg von Tontafelfragmenten. Zur gleichen Zeit arbeitete im Britischen Museum in London ein junger Restaurator, dessen seltsame
Leidenschaft es war, alte Schriften zu entziffern.
Tag und Nacht verbrachte er damit, die Scherben
alter Tontäfelchen zusammenzufügen und ihre
Keilinschriften zu übersetzen. Das meiste davon
war höchst langweiliges Zeug, Inventarlisten ir-
gendwelcher Waren, Niederschriften von Hel-
dentaten längst verstorbener Könige. Eines Tages
aber stieß der junge Mann auf eine abenteuerliche
Geschichte. Ein Epos, das von einem babyloni-
schen Herrscher namens Gilgamesch berichtete.
Dieser Gilgamesch quälte und tyrannisierte sein
Volk derart, daß ihm die Götter das Ungeheuer
Enkidu auf den Hals schickten. Doch der König
schloß Freundschaft mit dem Ungeheuer, und die
Freveltaten der beiden wuchsen ins Unermeßliche, ja sie machten nicht einmal halt vor den
Heiligtümern der Götter. Da starb Enkidu an ei-
ner rätselhaften Krankheit, und Gilgameschs
Herz brach vor Trauer. Er fürchtete auch den Tod,
und so zog er aus, seinen Vorfahren Utnapischtim
zu finden, um ihm das Geheimnis des ewigen
Lebens zu entlocken. Und Utnapischtim erzählte
ihm, wie dereinst die Götter ihn aufforderten, ein
Schiff zu bauen, mit Tieren und Samen jeglicher

Art zu beladen und auch seine Familie und einen Steuermann mitzunehmen. Dann öffnete sich der Himmel und »alles Menschliche wurde zu Schlamm«. Utnapischtims Boot trieb sechs Tage und sieben Nächte im Wasser und landete dann auf dem Gipfel des »Nisir-Berges«.

Ninive, der Ort, an dem das Gilgamesch-Epos aufgefunden wurde, liegt knapp 400 Kilometer vom Ararat entfernt. Das Epos gleicht fast gespenstisch der biblischen Sintflut-Überlieferung. Nur – es ist mehr als 4000 Jahre alt. – Zwei Sintfluten also hat es gegeben? Oder drei, oder vier...?! Die immergleiche und sich immer wiederholende Geschichte vom Paradies auf Erden, das der Mensch von den Göttern als Geschenk bekam und dann doch nicht zu würdigen wußte? Und ihr endloses Meer von Tränen, das sie darüber weinten und die ganze Erde damit überschwemmten? Hat sich das tatsächlich mehrmals zugetragen? Wenn wir unseren Horizont erweitern, hineinblicken in andere Länder und hinüber auf andere Kontinente, werden wir eine erstaunliche Feststellung machen: Alle Rassen und Völker dieser Welt haben eine Sintflutlegende.

**Hat es zwei Sintfluten gegeben?**

Im Westen der Vereinigten Staaten leben die Hopi-Indianer. Ein alter Hopi-Mythos erzählt von einem Land, in dem große Städte erbaut wurden und das Handwerk blühte. Doch als das Volk verderbt und kriegerisch wurde, vernichtete eine große Flut die Welt. »Wellen höher als Berge wälzten sich über das Land, Kontinente brachen auseinander und sanken hinunter ins Meer.« Die Überlieferung der Irokesen berichtet, daß die Welt einst von Wasser verwüstet und nur eine einzige Familie mit zwei Tieren von jeder Art gerettet wurde. In Peru erzählen sich die Menschen heute noch die Inka-Legende von dem Hir-

ten, der seine Lamaherde weidete und ständig
traurig zum Himmel emporschaute, weil er die
Sintflut erahnte. Er rief schließlich seine Familie
zusammen, und gemeinsam brachten sie sich und
die Lamas auf dem höchsten Gipfel in Sicherheit.
Sechzig Tage und Nächte regnete es – zwanzig
Tage und Nächte länger als in der biblischen Sintflut.

Die ersten Erforscher Nordamerikas konnten     **Die Legenden der**
eine Legende der Indianervölker um die großen   **Hopi**
Seen aufzeichnen: »In früheren Zeiten lebte der
Vater der indianischen Stämme näher zur aufgehenden Sonne. Nachdem er in einem Traum ge-
warnt worden war, daß eine Sintflut über die Erde
kommen würde, baute er ein Floß, auf dem er sich
mit seiner Familie und all den Tieren rettete. So
trieb er mehrere Monate dahin. Die Tiere, die zu
jener Zeit sprachen, beklagten sich laut und murr-
ten gegen ihn. Zuletzt tauchte eine neue Erde auf,
auf der er mit all seinen Tieren landete, die seit
jener Zeit die Macht der Sprache verloren haben
als Strafe für ihr Gemurre gegen ihren Retter.«

Das Popol Vuh war eine in den Hieroglyphen
der Mayas verfaßte Chronik der Quiché-Mayas,
die von den spanischen Eroberern verbrannt, später jedoch aus dem Gedächtnis wieder aufge-
zeichnet wurde. Diese Sintflutlegende der Mayas
erzählt: »Da wurden die Wasser von dem Willen
des Herzens des Himmels (Hurikán) aufgewühlt,
und eine große Überschwemmung kam auf die
Häupter dieser Kreaturen . . . Sie wurden ver-
schlungen, und eine harzige Masse senkte sich
vom Himmel herab; . . . das Antlitz der Erde
verdunkelte sich, und ein schwerer Regen begann
– Regen bei Tag und Regen bei Nacht . . . Über
ihren Köpfen hörten sie ein schreckliches Getöse,
wie von Feuer. Da sah man die Menschen voller

Verzweiflung herumlaufen und sich gegenseitig umstoßen; sie wollten auf ihre Häuser klettern, und die Häuser stürzten ein; sie wollten auf die Bäume klettern, und die Bäume schüttelten sie ab; sie wollten sich in die Grotten flüchten, und die Grotten schlossen sich vor ihnen . . . Wasser und Feuer trugen zu der vollständigen Vernichtung zur Zeit der letzten großen Flutkatastrophe bei, die der vierten Schöpfung voranging.«

Der Archetyp Noah findet sich – wenn man nur lange genug in den Legendenschätzen sucht – in allen Kulturvölkern dieser Erde. Noah heißt er in der Genesis und Nuh im Koran. Da ist der babylonische Utnapischtim aus dem Gilgamesch-Epos, der Baisbasbata des Hindu-Epos Mahabharata, der Yima der persischen Legende, der Teocipactli aus der aztekischen Sintflutlegende und der Deukalion der griechischen Mythologie. Er erzeugte das neue Menschengeschlecht, indem er auf Geheiß des Orakels von Themis »die Gebeine der Mutter«, das heißt die Steine der Erde, hinter sich warf. Nach den Legenden gab es also anscheinend nicht nur einen Noah, sondern viele, und keiner wußte etwas vom anderen. Und der Grund für die Sintflut ist in all diesen Mythen fast immer der gleiche: Die Menschheit war sündig geworden, und Gott beschloß, sie zu vernichten, gleichzeitig aber einen redlichen Menschen und seine Familie zu verschonen.

**Erinnerungen an die Sintflut** Es wäre durchaus denkbar, daß die Völker des Mittelmeerraumes in ihren Überlieferungen die Erinnerung an eine entsetzliche Menschheitskatastrophe bewahrten. Und es ließe sich darüber hinaus vermuten, daß Berichte von einer großen Flut, von Generation zu Generation weitergetragen, auf dem Weg über die großen Karawanenstraßen nach Asien gelangten. Die Übereinstim-

mung allerdings mit den norwegischen und kel-
tischen Mythen wäre schon schwieriger zu be-
gründen. Wie aber läßt sich der Umstand
erklären, daß die Indianervölker eigene, völlig
mit der Genesis übereinstimmende Flutlegenden
hatten, längst bevor der weiße Mann die Neue
Welt entdeckte? Gilt vielleicht doch die von C. G.
Jung aufgestellte These vom kollektiven Unbewußten, die universelle Erinnerung an eine ganz
bestimmte Katastrophe? Wenn man diese Frage
stellt, ertönt eine leise, aber dadurch nicht weniger suggestive Antwort, ein Name, der das Echo
einer unbekannten Vergangenheit zu sein
scheint, ein Name, der uns wie über einen nebel-
haft verhangenen Ozean erreicht – ATLAN-
TIS . . .!

Für viele ist Atlantis der versunkene Konti-
nent, die Wiege aller menschlichen Zivilisation. **Das Erbe von**
Ein schönes, ein glückliches Land; ein Land aber **Atlantis**
auch, in dem Menschen lebten und die ihnen
gegebene Macht sträflich mißbrauchten. Waren
es die Götter, war es die Natur selbst, die sich
dagegen mit Erdbeben und Überschwemmungen
wehrte und den gesamten Kontinent untergehen
ließ? – Für andere ist Atlantis nichts weiter als
eine von Platon erfundene Legende, die er für
zwei seiner Dialoge benutzt, und die nie aufhörte,
die Phantasie der Menschen zu beschäftigen. Immer noch – und immer wieder aufs neue – versuchen Wissenschaftler, Unterwasserarchäologen
und sonstige Forscher aus aller Welt dem Rätsel
Atlantis auf die Spur zu kommen. – Und hinten,
im allerletzten Winkel Anatoliens, erhebt sich wie
ein schweigendes Mahnmal der Ararat. Zu seinen
Füßen liegt ein alter biblischer Landstrich, bedeckt von allen Segnungen und Zornesausbrü-
chen Gottes. Die ältesten Stämme der Menschheit

haben hier nachweislich gesiedelt. Die Propheten, Erzväter und Heiligen zweier Religionen haben hier gelebt. Unsere eigenen Geschichtsbücher sind voll von all diesen schönen und tragischen Ereignissen. Wenn es ein Land gibt, wo auch Atlantis seinen Platz hat, wo die Mythen, die Bilder unserer Seele, wieder lebendig werden, dann hier in der Türkei und im tiefsten Anatolien.

# Register

# SunExpress: Partner für einen Türkei-Tourismus mit Zukunft.

Im Tourismus der Vergangenheit erkennt man heute manche Fehler. SunExpress hat sich zur Aufgabe gemacht, im wachsenden Ferienparadies Türkei zu einer guten Zukunft für Land, Leute und Gäste beizutragen.

Das heißt: Wir wollen mehr tun, als nur Passagiere zwischen Deutschland und der Türkei hin- und herzufliegen. Wir sehen eine Verantwortung für die sinnvolle Weiterentwicklung der türkischen Tourismus-Infrastruktur.

Unser Ziel ist es, gleichermaßen an der Bewahrung und Öffnung einer einzigartigen Kulturlandschaft mitzuwirken.

 **SunExpress**

# MAGISCH REISEN

Anne Tappe
## TÜRKEI
Brücke zwischen Orient und Okzident
(Goldmann Taschenbuch 12280)

Bernd A. Mertz
## ÄGYPTEN
Land von Isis und Osiris
(Goldmann Taschenbuch 12281)

Bernd A. Mertz
## GRIECHENLAND
Vom Olymp zum Orakel von Delphi
(Goldmann Taschenbuch 12282)

David Luczyn
## DEUTSCHLAND
Ein Führer zu Orten des Lichts und der Kraft
(Goldmann Taschenbuch 12284)

Natasha Peterson
## NORDAMERIKA
Heilige Orte der Kraft
(Goldmann Taschenbuch 12285)

Wulfing von Rohr
## INDIEN
Geburtsland von Mystik, Magie und Meditation
(Goldmann Taschenbuch 12286)

Gilbert Altenbach/Boune Legrais
## FRANKREICH
Land der Barden und Druiden
(Goldmann Taschenbuch 12287)

Louis Charpentier
## SPANIEN
Das Geheimnis der Pilgerstraßen
(Goldmann Taschenbuch 12288)